FIGURINES et JOUETS

la GAMME HELLER MUSÉE 1964-2010

1964 à 2010, les premiers avions français de 1940 à l'échelle 1/72

Jean-Christophe CARBONEL

Histoire & Collections

A L'ORIGINE : UNE SÉRIE « AVIATION HISTORIQUE »

Durant les années soixante, le maquettisme plastique était encore un loisir jeune qui en Europe ne datait que d'une douzaine d'années (1953 : premières maquettes *Airfix*, 1956 installation des filiales d'*Aurora* et de *Revell* en Angleterre, création de *Revell-Allemagne*, gamme avions de *Faller*, première maquette de fabrication française avec le Breguet deux-ponts de *MEE*, et qui était dominé par les produits anglais ou américains.

Dans ce contexte la présence française était minimale et se focalisait sur l'aviation contemporaine. D'ailleurs, l'impact de l'aviation française durant la brève campagne de 1940 était alors négligé. Jusqu'à ces dernières années l'opinion des rampants, matraqués par la domination aérienne de la Luftwaffe, dominait « *mais où sont nos avions ?* ».

Cette opinion devait être aussi celle des fabricants de maquettes. L'Armée de l'Air et les productions aéronautiques françaises étaient reléguées aux rangs des « small air forces » exotiques dans un univers inondé de produits américains, anglais, japonais ou allemands… En 1964 *Heller* essaya de changer cette vision en introduisant la série « Heller-Musée ».

Mais jusque là les sujets français de 1940 étaient quasiment oubliés par les fabricants de maquettes. En fait au milieu des années soixante, en matière de maquettes, la Seconde Guerre mondiale était représentée par des avions anglais (*Airfix*, *Frog*), américains (*Revell, Airfix*, *Lindberg*, *Aurora*), allemands (*Airfix*, *Frog*, *Revell*, *Aurora*, *Faller)*, japonais (*Airfix*, *Lindberg*, *Revell*, *Tamiya*) et l'occasionnel avion italien *(Frog*, *Heller*, *Plastic Toys*).

La société française, fabricant de nombreux jouets en plastique, et distributeur des maquettes *Eagle SITAP*, étudia pour sa gamme de maquettes *Sitaplex* un Dewoitine D520 au 1/96 qui se serait inséré dans la gamme d'avions Eagle. Mais cette maquette n'a jamais été commercialisée (les seules maquettes originales produites par *Sitaplex* furent un Mirage, un Étendard et un Broussard au 1/96).

Alors ?

Pas le moindre avion français de 1940 ?

Si !

En fait les premiers avions français de 1940 commercialisés en maquette plastique, le furent sous le label du fameux fabricant anglais *Frog* !

Jean-Christophe Carbonel

Sommaire

Les illustrations se passent pour la plupart de commentaires car représentant des « boxarts », toutefois pour certaines nous avons souhaité apporter quelques précisions. Les maquettes de la série Musée photographiées ont toutes été réalisées entre 1966 et 1975, l'auteur ayant voulu préserver une image classique de la maquette Heller, loin de l'hyper-réalisme de ce début du XXIe siècle.

A BRITISH TAKE OFF...

En 1963, le marketing de Frog, en compétition directe avec Airfix, décida de commercialiser *« un kit par mois »*. Toutefois, pour se distinguer, Frog choisit une approche spécifique : *« les sujets choisis étaient un peu différents en ce sens que ce n'étaient pas des noms familiers de tout le monde. Par la même occasion c'étaient des sujets qui présentaient un intérêt particulier pour les amateurs et beaucoup avaient un intérêt pour les marchés continentaux* [1] *»*.

En haut.
Maquette du LeO 451 montée pour le catalogue de la marque dans les années quatre-vingt-dix.

Ci-contre et ci-dessus.
Maquettes de l'Amiot et du Curtiss 75 montées par l'équipe Heller, photographiées dans la cour de la rue d'Hauteville, siège de la société dans les années soixante, dixième arrondissement de Paris.

---

1. Cité de Frog model aircraft 1932-1976 par Richard Lines et Leif Hellström chez New Cavendish 198.

En effet n'oublions pas que Frog avait installé une usine à Calais pour bénéficier du Marché Commun (une « délocalisation », déjà en 1963) et que le nom de *« Frog »* jugé malsonnant pour des oreilles continentales et en particulier françaises avait été changé en *« Tri-ang »* (c'était le nom de la filiale « trains électriques » du groupe Rovex [2]). Ce premier kit français représentait un Dewoitine D520 aux couleurs d'un appareil de la campagne de France de 1940. Ce ne fut probablement pas un succès commercial puisque lorsque l'année suivante Frog constitua un coffret cadeau par regroupement de 4 kits sur le thème *« Four Famous Fighters »* (« famous fighters » était le titre de l'une des collections du fabricant Américain « Aurora ». On se copie à peine dans le marketing !), le plan initial prévoyait d'inclure dans le lot le Dewoitine mais celui-ci fut dans les faits remplacé par le Macchi MC 202 ! Ce Dewoitine sera produit à 130 000 exemplaires jusqu'à 1969 (à comparer avec le best seller Frog de l'année 63 produit à 190 000 exemplaires sur la même période 1963-1969). *Flying Review* (vol 19 n° 63 décembre 1963), sous la plume de Richard Ward analyse alors ainsi ce premier kit d'un modèle français *« bien que sur le fond ce soit un bon modèle il présente quelques limites… Le D520 N°2 fut le premier appareil issu de la ligne de production et il est dommage que Frog ait trouvé bon d'inclure ce numéro sur la planche de décalques car si on l'utilise cela réduit les possibilités de camouflage si, comme l'auteur* [Richard Ward] *le maquettiste est à cheval sur la précision »*. La publicité avait moins de scrupules *« comme toutes les maquettes Tri-Ang-Frog, le Dewoitine D520 C (Réf : 155P) montré ci-dessus est la reproduction exacte de la réalité* [3]*»*. En 1969 ce kit sera réédité en sachet (jusque là les kits Frog étaient vendus en boîte) avec deux décorations : l'avion de l'as Pierre Le Gloan avec la queue jaune de Vichy et un avion Italien. Et devinez qui était alors le conseiller de Frog chargé de reprendre les décorations et d'en proposer des nouvelles : Richard Ward ! Sa frustration devant le terne *« n° 2 »* des origines explique sans doute ses choix plus colorés pour la réédition. Naturellement ce kit sera aussi repris par les partenaires de Frog (sauf *Hasegawa*) et par ses « fantômes » soviétiques et russes. Fort curieusement le kit *Novo*, bien qu'ayant officiellement rejeté les machines fascistes garda la décoration italienne !

A la fin de 1963, Frog, toujours lui, produisit un Morane Saulnier MS 406. Cette première édition représentait un appareil générique sans immatriculation particulière ! L'année suivante ce modèle fut réédité avec un choix de deux décorations : française et suisse. Même le critique de la *RAF Flying review* (vol 19/7 avril 64) ne peut que le noter avec le sens de

2. Il a été suggéré que Tri-Ang venait des fondateurs : les 3 frères Lines. Et comme 3 lignes (Lines en anglais) forment un triangle…

3. Publicité parue dans Tintin Magazine, juin 1965.

la litote qui fait tout le sel de la langue anglaise « *le Morane Saulnier MS406 n'est pas vraiment au standard* [des autres nouveautés Frog]. *Des inexactitudes semblent s'être frayées un chemin dans les contours du nez et la forme de la cabine, mais ces fautes peuvent être corrigées. Les détails sont bons bien qu'un peu légers.* » Quant à Aeromodeller (février 1964), avec un bon sens très « perfide Albion », il note que « *la contribution de décembre* [1963] *à la série à 2 pences de Frog est un autre français : le Morane Saulnier MS 406C1. La confusion risque d'apparaître avec le kit du Dewoitine D520 déjà existant qui est de même taille et de même configuration* ». Là aussi ce kit a été repris sous divers labels « du vivant » de Frog et ensuite en URSS.

Entrons dans l'Histoire...

Quelques mois plus tard en 1964 on vit apparaître le premier kit d'origine française d'un avion de la campagne de France : un D520 au 1/50 chez Heller.

Heller est alors le principal fabricant français de maquettes, fondé par Léo Jahiel en 1957.

Les maquettes Heller bénéficiaient depuis l'origine de superbes illustrations signées du président de l'association des peintres de l'air Paul Lengellé. Ainsi que le raconte Jacques Noetinger dans ses mémoires « *De-ci, de-là, dans les nuages : témoignage* » : « *En 1957, Léo Jahiel, personnage jovial tout en rondeur, ayant le sens des affaires, bon vivant et fine bouche m'invite à déjeuner et me dévoile ses projets* « J'ai étudié l'impact des maquettes d'avions en plastique à assem-

Page précédente.
Les deux premières, historiquement parlant, maquettes d'avions français de la Campagne de France de 1940 seront conçues en Angleterre par Frog : *« a real british take off... ».*

Ci-dessus.
Deuxième vie pour les « Frenchies » de *Frog* dans la Série Noire avec un nouveau *Box Art* plus accrocheur et les petites cocardes indiquant les nationalités des différentes décorations — toujours deux — disponibles dans la boîte.

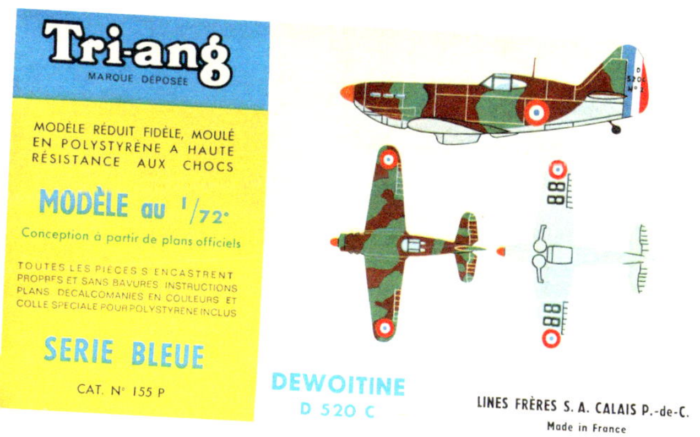

Ci-contre, à droite.
Le Dewoitine D520 Frog reboîté *Meccano Triang* dans la série bleue. Tout ceci avant le passage en sachet, au début des années soixante-dix.

Ci-contre, à droite.
Cette publicité *Meccano-Triang* pour le Morane Saulnier *Frog* a été publiée dans le journal Tintin, *« le journal des jeunes de 7 à 77 ans ».*

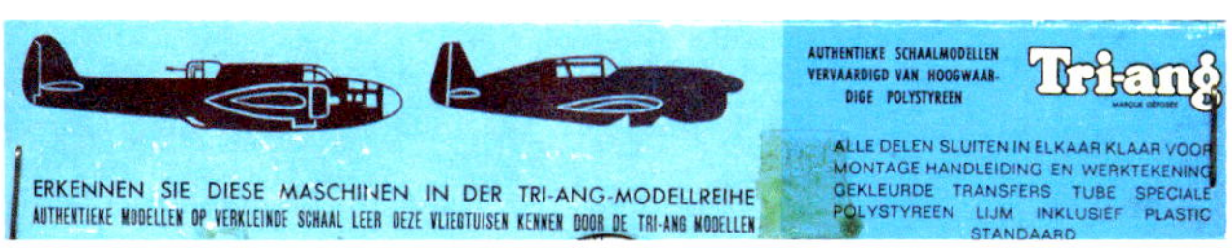

« Reconnaissez-vous ces avions de la gamme Tri-Ang ? », demande le côté des boîtes Frog-Tri Ang... Et il faut, en effet, une bonne imagination pour reconnaître un MS 406, à gauche, et un D520 à droite.

Léo Jahiel

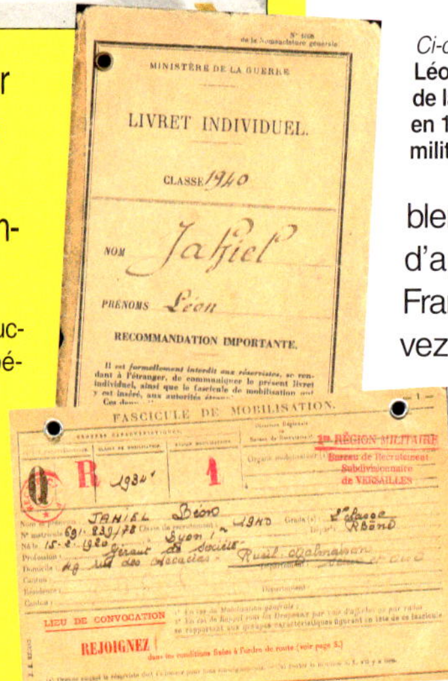

LÉO JAHIEL était né le 15 février 1920 à Lyon où il fit ses études au Lycée du Parc. Il fut ensuite diplômé de l'École supérieure de commerce de Lyon.

Après avoir effectué le premier Cycle d'Instruction 1939-1940 de la Préparation Militaire Supérieure (PMS) à Lyon, au cours de laquelle il est jugé *« bon élève, bien doué, réfléchi, calme, bonne constitution physique, bonne instruction générale, paraissant apte au commandement »*, il est appelé sous les drapeaux le 8 juin 1940 au 299e R.I.A.. Dirigé le 15 juin 1940 avec la 53e compagnie vers La Rochelle, il est fait prisonnier à Saintes et interné au camp de Surgères, il est libéré par les Allemands le 14 juillet et se retrouve rapidement à la vie civile le 15 août et à partir du 5 novembre de l'année devient VRP pour l'entreprise de pelleterie familiale *« Au renard argenté »*.

En mars 1943, réfractaire au STO, il prend une fausse identité (Louis Jayet né le 15 juillet 1915) puis rejoint un maquis FFI début 1944. Remobilisé au CRAP 210 en mars 1945 et affecté au bureau liaison Air de Marseille il sera effectivement démobilisé le 16 octobre 1945 et se retrouvera dans l'entreprise de son père où il a *« pour occupations exclusives et constantes le placement des fourrures confectionnées… Destinées à être revendues »* selon le document administratif fourni à l'appui de sa demande de carte d'identité professionnelle.

En 1955, il devient gérant des *Établissements Jahiel & Cie*, une SARL de confection de fourrures sise, 6 cité Paradis, là où sera fondé Heller l'année suivante. A la même période il est également gérant de la *SOMAC*[*], entreprise de matières plastiques implantée à Courbevoie.

En 1957 il créa *Heller* après avoir rencontré Lew Glaser de *Revell* qui, selon ce que M. Jahiel rapporta ensuite dans la presse, chercha à le convaincre que l'Europe était incapable de produire des maquettes de qualité[**] Leo Jahiel devint ensuite président du groupe *Le Jouet Français* avant de prendre sa retraite suite à la faillite de cette entreprise. M. Jahiel est décédé en 2001. ❐

Ci-dessus.
L'annonce faite en 1964 du premier chasseur Dewoitine 520 franco-français par la toute jeune firme parisienne : Heller.

Ci-contre.
Léo Jahiel, le créateur de la marque à son bureau en 1976. Ses papiers militaires… datés 1940.

bler. C'est un marché intéressant, mais face à l'abondance d'appareils américains britanniques et allemands… les Français sont absents. Je vise ce créneau manquant. Pouvez-vous me conseiller ? M'indiquer les modèles les plus en vogue et m'obtenir des contacts avec les firmes car il me faut des plans détaillés afin d'obtenir des maquettes absolument fidèles. » *L'idée était bonne. Je jouerai le tuteur pendant quelques années jusqu'au moment où Jahiel n'aurait plus besoin de mon concours. Mais il lui faut produire des boites dont l'illustration attire le client par sa valeur artistique, reflet de la valeur de la maquette. Je le branche sur Paul Lengellé. Logique ! Ainsi naissent les maquettes Heller. »*

Né le 1er mai 1908 Paul Lengellé fut nommé peintre officiel de l'air en 1936. Après la guerre il se fit connaître du grand public par ses couvertures pour *Science & Vie* et les livres de la collection *France-Empire*. Ses illustrations furent également très prisées des industriels de l'aéronautique française. Il est décédé en 1993.

En 1964 Heller était alors en concurrence en France même avec une demi-douzaine d'autres fabricants dont les principaux étaient *Solido-Monavac* (producteur d'une gamme d'avions français contemporains qui étaient alors tellement en concurrence avec Heller qu'en 1960, un accord aurait eu

**. Parfois identifiée comme « S.O.M.A.P. »*

***. Si cet entretien eut lieu en 1956 c'est quand même une assertion bien aventureuse de la part de M. Glaser alors qu'existait déjà à ce moment en Europe des marques comme Airfix, Frog, Playcraft (l'antenne anglaise du grand fabricant américain Aurora), Faller (qui inaugura sa gamme avions cette année-là) et même… Revell-GB et Revell-Germany, installées toutes deux en 1956 !*

d'authentiques maquettes françaises !

M. PIERRE BRIFAUT, ancien officier de l'armée de l'Air, avait lancé, en 1957, la fabrication de la maquette du Leduc 022 puis, l'année suivante, celle du « Super Mystère » B2 sous l'étiquette « Maquettes aériennes françaises ». Le succès ne vint pas car les sujets étaient trop faciles à assembler. M. Brifaut se tourna alors, pendant deux ans et demi, sur la réalisation de deux maquettes du paquebot « France » et celle d'une Terre extrêmement pédagogique...

Puis, toujours poursuivi par cette hantise de la vérité qui est sa règle de vie, M. Brifaut pensa à agir pour faire rétablir dans la connaissance des générations actuelles le fait que la France fut bien le berceau de l'aviation. Il revint donc à la maquette en plastique et traça un programme destiné à l'histoire de l'aéronautique française par la maquette. Dans chaque boite, le maquettiste trouvera donc deux notices ; l'une, technique, donnera une description de l'avion lui-même, cependant que l'autre décrira les exploits que cet avion permit d'accomplir à son ou ses pilotes les plus prestigieux. De plus, la boite elle-même sera décorée par une spendide peinture d'A. Brenet, laquelle peinture pourra être découpée. En reliant les notices — et même les gouaches de Brenet — le maquettiste se confectionnera, au fur et à mesure de ses achats, une véritable histoire de l'aviation française venant accompagner l'exposition des maquettes qu'il aura pu réaliser minutieusement.

L'affaire est lancée. Les premiers outillages sont construits et l'industriel d'Oyonnax espère bien présenter son premier modèle — le fameux « Eole » de Clément Ader — lors du prochain Salon du Bourget. D'autres suivront. « Antoinette », « Demoiselle », Voisin du premier kilom...

SPAD et Guynemer

« Eole » et Clément Ader

« Antoinette » et Latham

Farman-Voisin et Charles Voisin

Blériot XI et Louis Blériot

Couzinet « Arc-en-ciel » et Mermoz

Modélistes

3 MODELES SENSATIONNELS

de grande classe
et aux belles performances

*

« LE DRAKKAR VIKING »
long. 550 mm - larg. 145 mm

Ce modèle à construire est la reproduction fidèle des fameux navires d'Erik le Rouge et Guillaume le Conquérant.
La boite (83 pièces) 27 F

*

« LE CAPTIF »

Avion en plastique haute résistance. Vol circulaire et acrobatique télécommandé. Moteur à explosion 1,5 cc. Enverg. 550 mm, long. 450 mm.
En boite avec le moteur 79,50 F
Carburant, le bidon 4,60 F

*

« L'ACAPULCO »

Cruiser de luxe pour pêche aux gros poissons. Long. h.t. 700 mm, larg. 200 mm. Ce cruiser à cabine, 5 places, plate-forme de harponnage à l'avant, 2 fauteuils orientables pour la pêche, peut être équipé de moteurs électriques ou à explosions ainsi que de RADIO-COMMANDE.
Boite ACAPULCO, Procédé NAVIG, amélioré en simplification, coque entièrement en blocs, toutes pièces de superstructure découpées et numérotées 65 F

*

A LA SOURCE DES INVENTIONS
60, bd de Strasbourg, PARIS-X°

Pour tout connaître du MODELISME EN FRANCE demander dès maintenant notre DOCUMENTATION - D. 24 -
Edition 63-64, 132 pages, 1 000 illustrations, envoi fco contre 3 F

Ci-dessus.
Article à la gloire de la nouvelle gamme *Brifaut* paru dans un des numéros d'*Aviation magazine* de 1963.

lieu entre les deux marques pour éviter les doublons : « *la plus prestigieuse collection des appareils de l'aéronautique française* » disait leur publicité), Les *Plastiques Dermatt* (un fabricant de maquettes « primes » pour *Bonux* ou *Nestlé* qui finit par commercialiser sous sa propre marque une série d'avions biplans à échelles diverses à la fin des années soixante), *DEL* (un spécialiste du bateau)… et Brifaut qui venait justement d'annoncer l'année précédente (*Aviation Magazine* mai 1963) une nouvelle gamme d'avions français, historiques et au 1/70.

Prenant le contre-pied de cette annonce dans *Air & Cosmos* du 2 mars 1964, il fut annoncé que « *Heller lance une série historique* ». Commençant par un coup de pied de l'âne à la collection Brifaut : « *quelques timides essais* [de maquettes d'avions historiques] *eurent bien lieu, mais le goût de la ligne moderne, l'attrait de l'appareil à réaction, un public encore mal préparé et sans doute des impératifs commerciaux firent remettre à plus tard « l'histoire de l'aéronautique française racontée en maquettes ».* Cette dénomination renvoyait explicitement à la série initiée par Brifaut. L'article continuait en précisant « *aujourd'hui tous les espoirs sont permis,* Heller […] *lance une série historique où les grands noms de l'aviation de raid viendront intimement se mêler aux pages de gloire de l'aéronautique militaire française* ». Par une construction marketing, le Spad VII de Guynemer « *sorti il y a quelques mois* » (en 1960 !) se voyait raccroché à une collection historique en devenir dont seul existait le Couzinet Arc-en-ciel au 1/75 sorti en parallèle avec l'article d'*Air et Cosmos*. Annoncé alors pour « fin avril », « *l'un des plus beaux chasseurs qui aient jamais été construits : le Dewoitine 520* ». « *Réduction authentique sur plans officiels* » proclamait le couvercle de la boite qui s'ornait d'une illustration de Paul Lengellé.

Air et Cosmos couvrait de louanges la maquette à venir :

« L'échelle choisie est très satisfaisante et le montage en 40 pièces permet d'obtenir un réalisme surprenant » déclara *Air et Cosmos* dans l'un de ses rares articles consacrés aux maquettes. « Échelle satisfaisante » ? Oui car contrairement aux Anglais ayant alors opté pour le 1/72 depuis avant guerre, et à Brifaut qui s'était plus ou moins aligné sur cette échelle « impériale », chez Heller il n'y avait pas encore d'échelle vraiment standard : cette gamme « Avions Historiques » se caractérisait donc par des échelles hétéroclites : un Spad VII au 1/40 (en 1960), un Couzinet « Arc en Ciel » au 1/75, et un Dewoitine D520 au 1/50.

Tout le monde n'avait pas les illusions d'*Air et Cosmos* et W.R. Matthews de la *Flying Review* (vol 20/8 mai 1965) résuma son analyse en u*n « Décevant Dewoitine »* qui n'est que *« superficiellement correct de forme mais [pas] en détails : les contours du nez ressemblent plus à ceux du D521 à moteur Merlin, les renflement caractéristiques du capotage des cylindres du moteur Hispano Suiza ont été oubliés de même que les longues prises d'air sous les échappements. L'articulation de la gouverne de queue ne ressemble à rien qui soit jamais sorti de chez Dewoitine et le détail de surface est rare et grossier. Les logements de train ne sont pas creusés et les jambes du train sont d'une épaisseur suffisante pour être celles d'un bombardier lourd Farman »*. Un quatrième kit de la série « Historique » fut annoncé pour fin juin de la même année : un Potez 63-11, maquette *« établie sur les plans et la une documentation fournie par le Musée de l'Air [et qui] constitue le début d'une série d'appareils qui se sont glorieusement illustrés durant la guerre »*. Mais le Musée de l'Air, à qui l'étude préalable de la maquette avait été envoyée refusa de la cautionner. Et ce modèle ne parut pas au catalogue (et au tarif) 1965 et ne fut en définitive pas commercialisé… il est même probable qu'il aurait été au 1/50 ! Par contre l'illustration de Paul Lengellé prévue pour ce modèle fut « recyclée » pour celui au 1/72. Ce qui n'empêcha pas la *« série Aviation Historique »* de s'étendre en 1965 par agglomération de modèles précédemment commercialisés : l'Espadon (Fairey Swordfish 1/50, de pedigree *Merit*), Marsouin (Supermarine Walrus 1/50, de pedigree *Merit* également).

Tout cela n'était d'ailleurs qu'artifice de catalogue et cette notion de *« série Aviation Historique »* n'apparaissait pas sur les boites !

LES ANNÉES MUSÉES 1968-1972

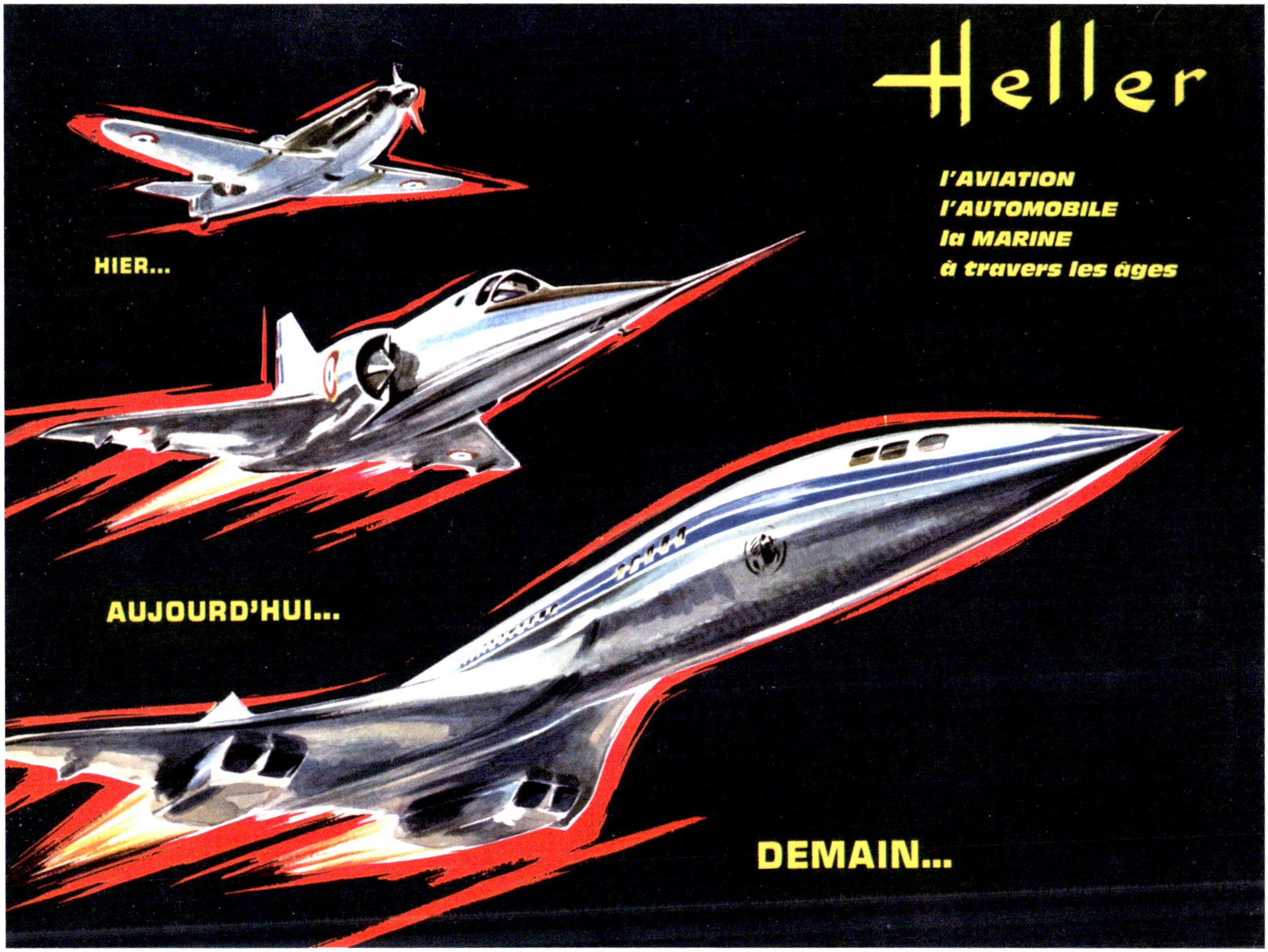

Depuis sa création en 1957, Heller n'était guère qu'une structure commerciale qui sous-traitait la conception à un bureau d'étude indépendant [4].

Alarmé par le manque d'enthousiasme de la presse spécialisée, en particulier la *RAF Flying Review* dont on verra plus loin que ses pages « maquettes » vont devenir l'aune à laquelle Heller jugera du succès de ses maquettes, Paul Lengellé décida alors de présenter son ami Roland de Narbonne à Léo Jahiel. Roland de Narbonne était un vrai passionné d'aviation venant d'une famille d'aviateurs et se trouvait être alors un journaliste aéronautique en vue qui travaillait pour Larousse, *Les Ailes*, *Science et Vie* et fait même de la vulgarisation aéronautique dans le *Journal de Tintin.* Son premier apport fut le nom de la nouvelle gamme « *Musée* » R. de Narbonne fit aussi valoir que l'échelle internationale était le 1/72 malgré la tentation de Heller de promouvoir des échelles métriques comme le 1/100, le 1/50 ou même le 1/75 de l'Arc en Ciel.

Nous sommes alors en 1964 et la première conséquence de cette intervention c'est l'abandon du Potez 63 « *probablement au 1/50* ».

Une nuit au Musée

Durant le deuxième semestre de la même année Heller

4. *Selon les sources interrogées ce bureau d'études était situé à Paris soit rue d'Hauteville (c'est la rue où se trouvait alors le siège de Heller), soit rue des Petites Écuries, « en face d'une cristallerie ».*

Carte postale reprenant l'illustration de Paul Lengellé pour le MB 152.

Publicité pour le MB 152 parue dans Aviation Magazine.

constitua un atelier de fabrication d'outillage (moules) sous la direction d'un mouliste lyonnais, M. Bonnardel. Cet atelier venait compléter l'atelier d'injection (une seule presse!) installé l'année précédente dans une ancienne usine de chaussures à Trun.

R. de Narbonne de son côté préparait des dossiers où étaient rassemblés les éléments permettant la création d'une maquette. En témoignage de son apport les premières boites porteront la mention « *réalisé sous la direction technique de R. de Narbonne* ». En parallèle Heller se préoccupa (enfin?) de constituer un bureau d'étude. Celui-ci fut mis en place en 1965 mais ne pouvait compter alors que sur G. Audren, spécialiste naval, dont le contrat de travail débuta le 1er janvier 1965. Très rapidement il sera rejoint par Jean-Michel Trochain qui est un amateur d'avions, puis par Philippe de Lespinay. Celui-ci se souvient de cette époque: « *En 1965, à l'âge de 22 ans, j'ai été engagé par Heller comme ingénieur/dessinateur après avoir répondu à une annonce dans un journal national. Après une interview par le chef du bureau d'étude, Gabriel Audren, j'ai été engagé malgré mon peu d'expérience professionnelle et éducationnelle (avec un seul brevet d'une école d'arts graphiques), mon seul emploi précédent ayant d'avoir été un dessinateur pour une marque de cheminées décoratives. Quand j'ai commencé mon emploi, l'ingénieur Jean-Michel Trochain, un autre enthousiaste très sympathique, venait juste de recevoir les premières injections du tout premier modèle de la série* "Musée", *celles du Bloch 152* ». A eux trois plus M. Maroutchak qui rejoindra le bureau d'étude en 1967, ils concevront l'ensemble de la série. Le premier kit commercialisé fut, comme le rappelait cidessus M. de Lespinay, le Bloch 152. Par chance l'un des magasiniers de chez Heller était un ancien pilote (ou mécano?) de MB152, aussi ce sont les marques de son avion qui furent retenues pour la maquette d'autant que R. de Narbonne ne fournissait que des plans cinq vues extérieurs et pas d'étude de camouflage. Celle-ci était souvent du ressort de Jean-Michel Trochain. Pour les décalques une illustration à grande échelle (X5 ou X6) des motifs était réalisée.

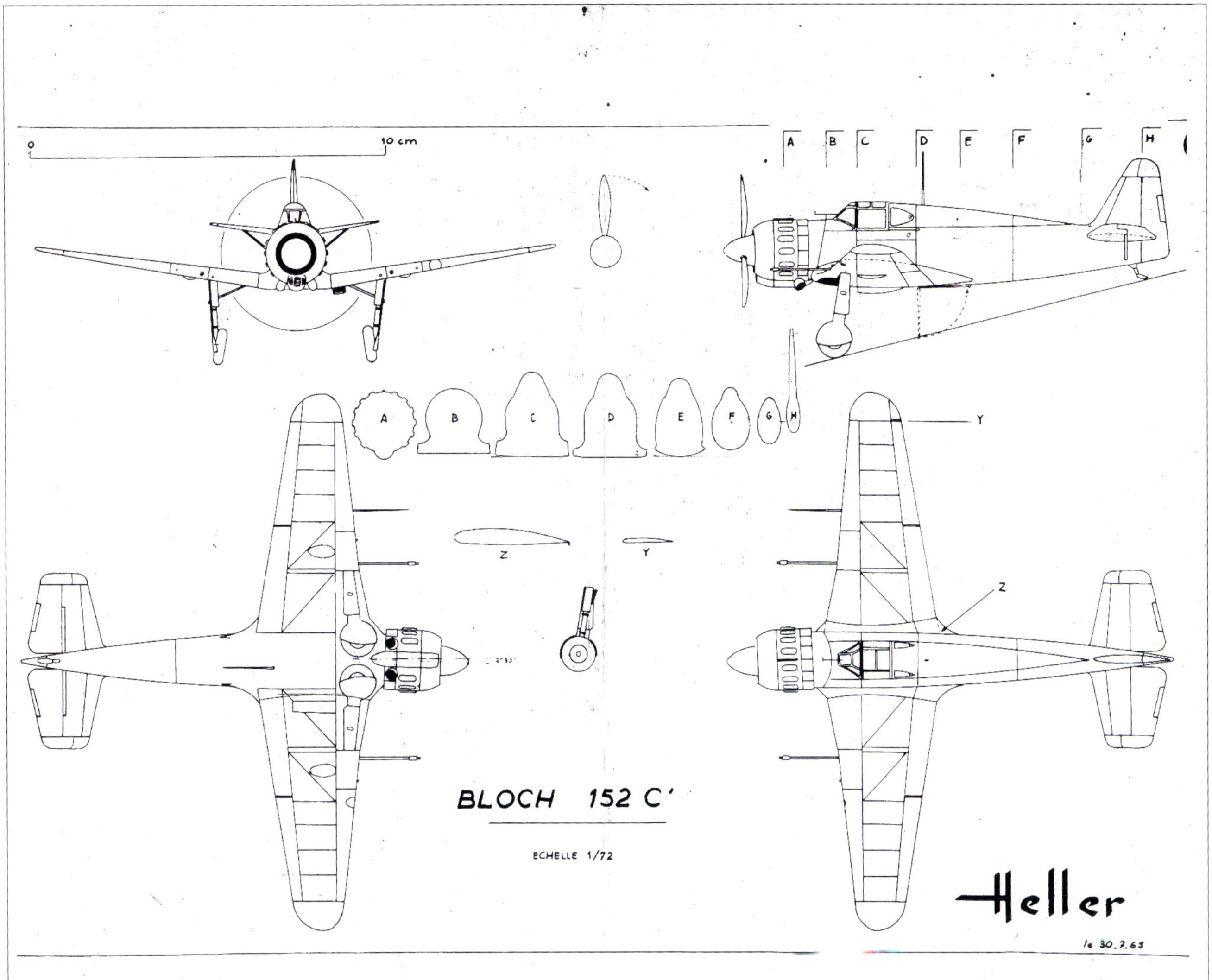

Plan de masse pour l'étude de la maquette du MB 152 redessiné par le BE Heller (celui fourni par R. de Narbonne était au 1/50).

Tableau officiel *Heller* des illustrations « France 1940 » réalisées par Paul Lengellé*

ANNÉE		SUJET		
1965	MS 406	LeO 45		
1966	Curtiss H75	Les Mureaux 117	Caudron 714	Breguet 693AB
1968	Potez 63-11			
1977	Dewoitine D 500			

** Cette liste établie en interne à l'époque de Heller-Humbrol (elle est en bilingue français-anglais) est manifestement incomplète (il manque MB152, Morane 225 et 230, Bloch 210 (2 illustrations), Potez 63, Potez 540, Amiot 351, Bloch131) !*

MB 152 boîtage du premier type, au format KD.

Cette première réalisation fut plutôt bien accueillie par les commentateurs de l'époque ce qui sera d'ailleurs le cas de la majorité des modèles à venir. Pour W.R. Matthews de la *Flying Review International* (vol 21 et 21 juillet 1966) : « *ce kit est un grand progrès par rapport à ceux que nous avons précédemment reçus de Heller. Il est fidèle et proprement moulé avec des détails fins… le MB 152 est un kit à conseiller pour tous les amateurs de Deuxième Guerre mondiale car c'est une bonne maquette de ce qui est, hors de France, un sujet inusuel* ». Gaston Botquin dans *His Air Dec* (vol VI n° 1 août/septembre 1966) approuve « *le kit est globalement excellent et seuls quelques petits détails peuvent être critiqués* ». Il n'y a guère qu'en France où le *Camouflage Air Club* est plus sceptique (vol 2 n°1 novembre décembre 1967 sous la plume du Dr Mons) « *l'intention est excellente mais la réalisation n'est pas sans défauts dont la correction sera l'objet du présent article* » (pas moins de 6 pages seront nécessaires à présenter l'amélioration du modèle). Quelques années plus tard, en 1971, C.J. Ehrengardt dans *Maquettes Plastiques Magazine* enfonça le clou « *Ce fut le premier modèle de la série Musée, et, malheureusement çà se voit ! Les dimensions générales ont été bien respectées et les détails ont été finement gravés. Mais pour une maquette authentique, il convient de procéder à une étude approfondie.* » On peut donc comprendre que c'est principalement sur des aspects de détails que les français, plus sensibles et mieux documentés que les analystes étrangers, pinaillaient. Toujours est-il que ce modèle fut bien accueilli et que l'impact positif de Roland de Narbonne fut reconnu par Léo Jahiel « *il était très content de donner des indications et des informations sur les avions qu'il fallait faire et il a orienté la collection de manière intelligente* ». Le succès du 1/72 fut d'ailleurs confirmé par les faits : pour ces premiers kits en moyenne 15 000 boites étaient vendues durant le premier mois de commercialisation de chaque référence. D'ailleurs à propos du Bloch 152 le commentateur de *Spirou* (7 juillet 1966) — faute de magazine de maquette à l'époque c'est effet dans les journaux de bande dessinée qu'il faut chercher les critiques de modèles — souligna que « *comme ses compagnons de série,* [il] *est réalisé à l'échelle internationale standard, lisez au 1/72* »

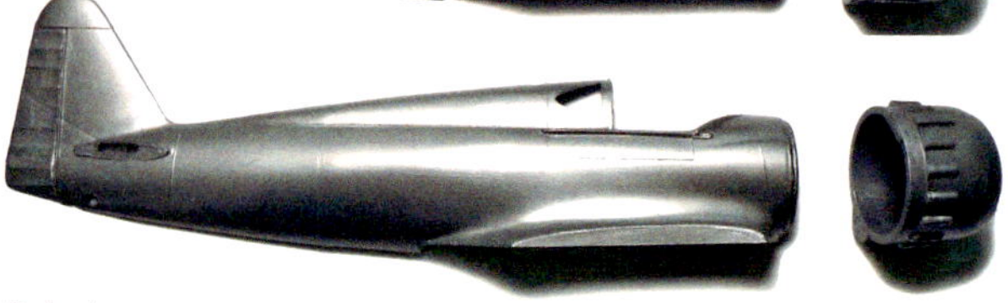

En haut. **Version définitive de l'injection du MB152.**

Ci-dessus. **Pré tirage d'étude avec un capot court.**

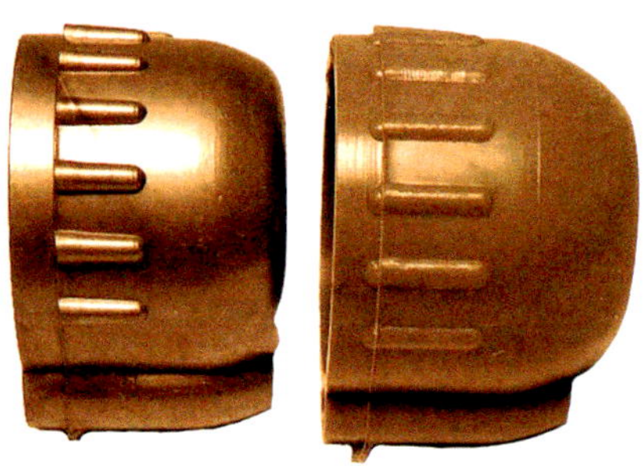

Ci-contre. **Les deux différents capots : à gauche le tirage initial, à droite celui après révision du moule.**

Petits papiers 66…

M. De Narbonne ne se contentait pas de fournir la documentation pour cette série de maquette, il en assurait aussi la promotion : il signa en effet dans le *Journal de Tintin* de 1966 une série « *d'Enquêtes-Maquettes* » où furent présentés tous ces appareils : chaque article racontait en deux pages l'historique de l'avion, accompagné d'une photo d'époque, d'une illustration de Paul Lengellé et d'un petit commentaire sur la maquette correspondante signé d'un énigmatique « Intérim ».

Initialement Roland De Narbonne avait proposé d'inclure un petit dépliant historique dans chaque maquette (un peu à l'image de ce que voulait faire Brifaut) mais cela fut refusé par Heller. D'un autre côté on peut penser que les articles dans les magazines de bandes dessinées assuraient une meilleure promotion aux modèles que ne l'aurait été un dépliant interne aux boites. Il est à noter que *Le Journal de Tintin* passait alors éga-

Maquette montée par Heller en 1967, rue d'Hauteville.

lement des publicités pour les maquettes Frog comme le D520 (*« des maquettes adaptées à votre bourse : 2 F. »*).

Et si *Tintin* abordait le sujet, chez *Spirou* on commenta aussi la création de la gamme « Musée » : (article non signé, auteur inconnu)

« Il n'y a pas si longtemps, le collectionneur fervent de maquettes d'avions ne pouvait que constater une brèche énorme dans son enfilade de coucous. Les appareils absents formaient l'escadre fantôme des appareils français de la période 1940… Pourquoi cette lacune ? Parce que toutes (ou presque toutes) les boites de construction d'appareils de la dernière Guerre mondiale provenaient de l'étranger. Aussi soit que l'imagination fit défaut, ou était-ce plutôt un manque de documentation, les ailes tricolores brillaient par leur absence dans le domaine du plastique. Eh bien c'est réparé ! Désormais à côté des modèles anglais, allemands, japonais, américains et russes, les mini-répliques des avions made in France qui eurent dès 1939, le périlleux privilège de se mesurer à la Luftwaffe déchaînée existent. Dans le cadre de sa nouvelle série « Musée » la grande marque française Heller se propose de ressusciter une grande partie des appareils qui se mesurèrent aux Stukas et autres Dornier et Messerschmitt ! » (*Spirou* 1273 du 7 juillet 1966).

La contribution de Roland de Narbonne incluait aussi les catalogues 66 et 67 réalisés par U.P.E., la société de publicité qu'il dirigeait. Le catalogue 1966 est celui qui lança réellement la série, d'ailleurs il est aussi le premier où un avion historique, un D520 apparaît en couverture. Dans son introduction Leo Jahiel, PDG de Heller, présenta la série « Heller-Musée » au 1/72. Après le choix de l'échelle, le choix du thème France 1940 en fait une série *« attendue avec impatience par les maquettistes du monde entier. Pour cette série d'avions historiques français, voici plus d'un an qu'une équipe des meilleurs spécialistes en la matière, pourchassent les archives aux quatre coins de la France afin de reconstituer des plans détaillés qui, en général, n'existent plus. C'est en somme une sorte de contre-espionnage à posteriori. »*. Ainsi s'explique le délai d'un an entre la commercialisation du Dewoitine au 1/50 et l'acte de naissance officiel de la série. Il est vrai que les constructeurs n'ont bien souvent plus d'archives aussi était-il nécessaire de lancer un programme de recherche. La plupart du temps c'est encore au Musée de l'Air, et ultérieurement au Service Historique de l'Armée de l'Air que les éléments essentiels furent découverts même si les publications étrangères, en particulier les plans M.A.P. furent aussi mis à contribution. Claude Picard, qui alors fréquentait en voisin le bureau d'étude de la rue de Paradis avant de devenir l'un des VRP de la société quelques années plus tard, se souvient que *« je leur passais souvent de la doc', on prenait aussi les petites notices de Max Abt et nous avons même fait quelques photos au Musée de l'Air pour le Dewoitine 520 »*. JM Trochain a également confirmé ce déplacement à Meudon où était alors localisé le Musée de l'Air. les photos furent prises par René BaiL. Philippe de Lespinay évoque aussi ce difficile travail de reconstruction *« C'était*

Première édition du Curtiss, boîte au format KD.

Edition du début des années soixante-dix : boîte longue et logo « échelle 1/72 » au lieu de « Musée ».

Curtiss 75, monté rue d'Hauteville.

assez passionnant de faire des plans à partir de photos, sans avoir autre chose qu'une dimension ou deux ! Tout le reste était créé en recoupant les informations sur les quelques photos disponibles, en construisant petit à petit un plan multi-vues, avec des sections qui tenaient la route. Je pense que ce genre de travail rendrait les ingénieurs modernes, qui dessinent seulement au CAD et sont bien incapables de dessiner la moindre perspective correcte avec un crayon, à moitié fous ». Cette difficulté pour obtenir de la documentation précise était d'ailleurs également rencontrée par les commentateurs de l'époque. Ainsi même l'IPMS UK (mai 1966) indiqua dans son analyse du Bloch 152 que « *la fidélité est difficile à vérifier* ».

Philippe de Lespinay, jeune atout de la marque, dans les locaux de la rue d'Hauteville au milieu des années soixante.

« *Notre programme initial était de huit modèles, quatre chasseurs et autant de bimoteurs, devant le succès de cette série dès sa naissance, il y a de fortes chances pour que — dès cette année — nous augmentions substantiellement le nombre des avions offerts* ». Et en page centrale ce sont les huit appareils originaux qui étaient illustrés avec une présentation de Roland de Narbonne qui détaillait à nouveau les difficultés qu'il avait eu à reconstituer les archives. Plus significative peut-être est l'insistance sur le 1/72 qui permet à ces maquettes « *de s'intégrer parfaitement aux collections existantes* ». Faut-il établir un parallèle avec Revell (dont on connaît l'influence indirecte sur Heller depuis que Lew Glaser mit au défi Léo Jahiel de produire des maquettes en Europe) et qui a viré au 1/72 dès… 1963 avec un B-17… qui fait partie des kits reboîtés par Heller dans la gamme Heller-Revell ? En cette année 1966, un MB 152, un MS 406, un Curtiss H75, un D520, un LeO 45 (avec un curieux boxart qui évoque presque un « box » de Forteresses Volantes !), un Bloch 174 et un Amiot 143 ainsi que l'avion d'attaque Bréguet Br 693 furent ainsi produits au 1/72. Certains de ces modèles étaient dépourvus d'aménagements intérieurs.

Ci-dessus.
Le D 52O monté par J.M Trochain, rue d'Hauteville, en 1967.

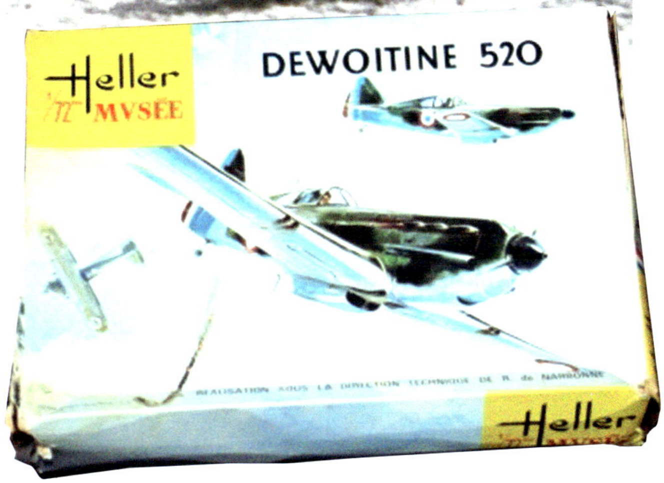

Ci-contre, de haut en bas.
La première boîte du D520 au 1/72.

Ecorché réalisé par Roland de Narbonne et retrouvé dans les archives personnelles d'un ancien du Bureau d'Etudes d'Heller.

Pourquoi ? d'après les témoignages recueillis par l'auteur c'était pour cause… D'absence de documentation. A cette époque Heller est encore (si l'on pardonne cet emprunt de l'auteur à la modernité du XXIe siècle) une « start-up » qui doit donc réagir rapidement aux demandes du marché. Un besoin en avion français « 1940 » a été perçu alors c'est maintenant qu'il faut les faire. L'intervention de Roland de Narbonne a convaincu qu'il faut abandonner le 1/50 pour l'échelle internationale du 1/72 mais il ne faut pas perdre de temps. Donc il faut faire au mieux avec la documentation disponible [5]. Et comme Heller est une marque très fière de la fidélité et du réalisme de ses modèles (tous ses modèles de prototypes français modernes ont été applaudis y compris par les fabricants des vrais avions) il est inimaginable d'inventer des intérieurs (qui n'étaient d'ailleurs pas inclus dans la liasse de plans que fournissait Roland de Narbonne). Et comme Heller ne mets pas de pilotes dans ses boites pas question non plus de se résigner à *« l'humanoïde assis sur une planche »* couramment pratiqué par la concurrence. Si on ne sait pas on ne fait pas. La conséquence

5. Et ce n'était pas tout de constituer des archives fiables, encore fallait-il qu'elles soient correctement utilisées derrière : il a été ainsi rapporté à l'auteur que les illustrations étaient remises au bureau d'étude tronquées de leur légende… Volontairement pour que les dessinateurs « ne perdent pas de temps à lire » !

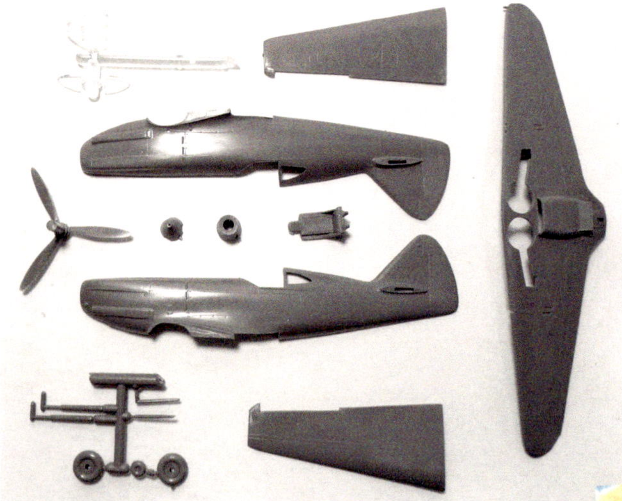

Ci-dessuset ci-dessous.
Les pièces du premier D 520 dégrappées et sa notice.

Ci-contre **Le Morane 406 en boite KD, première édition, donc.**

Ci-dessous. **Notice du Dewoitine D 520.**

curieuse de cette logique poussée à l'extrême c'est que M. Audren admet avoir eu des difficultés à imposer les verrières de la gondole de l'Amiot 143 auprès des décideurs. « *Trop compliqué* » lui avait-on répondu à l'époque mais il avait bien compris qu'il fallait entendre « trop cher ». C.J. Ehrengardt dans *Maquettes Plastiques Magazine* d'avril 1971 reprocha à Heller cette absence « *L'habitacle entier est hélas dépourvu de tout détail interne. On ne peut que le déplorer, d'autant plus que ces détails sont nombreux et très visibles tant les surfaces vitrées sont importantes. Voir à ce sujet les photos* ». Car en effet l'article de *MPM* est illustré de plusieurs photos de l'intérieur d'un Amiot, même une vue du tableau de bord ! De plus ces photos sont indiquées comme provenant du Musée de l'Air. Voilà qui met à mal la théorie « officielle » de l'absence de documentation et renforce l'interprétation « trop cher » de Gabriel Audren ! Mais il est probable que plus encore que le coût c'était la nécessité de sortir rapidement les modèles (et donc de simplifier le processus de conception) qui était à l'origine de cette simplification. Nelly Lengellé, la femme de Paul Lengellé témoigna bien plus tard à l'auteur « *on travaillait souvent dans l'urgence chez Heller* ». Ce qu'ont confirmé tous les acteurs de l'aventure Heller interviewés par l'auteur. Et manifestement cela ne concernait pas que les illustrations ! Et comme il faut réagir vite, les raccourcis étaient de mise et J-M Trochain basera une

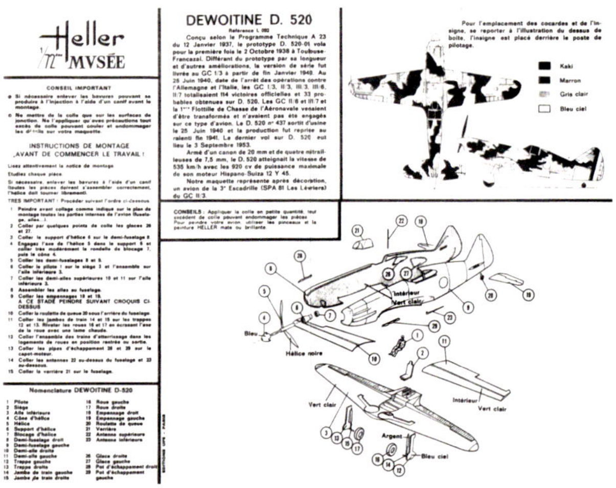

Heller 1/72 MVSÉE

CONSEIL IMPORTANT

- Si nécessaire enlever les bavures pouvant se produire à l'injection à l'aide d'un canif avant le montage.
- Ne mettre de la colle que sur les surfaces de jonction. Ne l'appliquer qu'avec précautions tout excès de colle pouvant couler et endommager les détails sur votre maquette.

INSTRUCTIONS DE MONTAGE
AVANT DE COMMENCER LE TRAVAIL !

Lisez attentivement la notice de montage.

Etudiez chaque pièce.

Si nécessaire, enlever les bavures à l'aide d'un canif (toutes les pièces doivent s'assembler correctement, l'hélice doit tourner librement).

TRES IMPORTANT : Procéder suivant l'ordre ci-dessous.

1. Peindre avant collage comme indiqué sur le plan de montage toutes les parties internes de l'avion (fuselage, ailes...).
2. Coller par quelques points de colle les glaces 26 et 27.
3. Coller le support d'hélice 6 sur le demi-fuselage 8.
4. Engagez l'axe de l'hélice 5 dans le support 6 et coller très modérément la rondelle de blocage 7, puis le cône 4.
5. Coller les demi-fuselages 8 et 9.
6. Coller le pilote 1 sur le siège 2 et l'ensemble sur l'aile inférieure 3.
7. Coller les demi-ailes supérieures 10 et 11 sur l'aile inférieure 3.
8. Assembler les ailes au fuselage.
9. Coller les empennages 18 et 19.
A CE STADE PEINDRE SUIVANT CROQUIS CI-DESSUS
10. Coller la roulette de queue 20 sous l'arrière du fuselage.
11. Coller les jambes de train 14 et 15 sur les trappes 12 et 13. Riveter les roues 16 et 17 en écrasant l'axe de la roue avec une lame chaude.
12. Coller l'ensemble des trains d'atterrissage dans les logements de roues en position rentrée ou sortie.
13. Coller les pipes d'échappement 28 et 29 sur le capot-moteur.
14. Coller les antennes 22 au-dessus du fuselage et 23 au-dessous.
15. Coller la verrière 21 sur le fuselage.

Nomenclature DEWOITINE D-520

1	Pilote	16	Roue gauche
2	Siège	17	Roue droite
3	Aile inférieure	18	Empennage droit
4	Cône d'hélice	19	Empennage gauche
5	Hélice	20	Roulette de queue
6	Support d'hélice	21	Verrière
7	Blocage d'hélice	22	Antenne supérieure
8	Demi-fuselage droit	23	Antenne inférieure
9	Demi-fuselage gauche		
10	Demi-aile droite		
11	Demi-aile gauche	26	Glace droite
12	Trappe gauche	27	Glace gauche
13	Trappe droite	28	Pot d'échappement droit
14	Jambe de train gauche	29	Pot d'échappement gauche
15	Jambe de train droite		

DEWOITINE D. 520

Référence L 082

Conçu selon le Programme Technique A 23 du 12 Janvier 1937, le prototype D. 520-01 vola pour la première fois le 2 Octobre 1938 à Toulouse-Francazal. Différant du prototype par sa longueur et d'autres améliorations, la version de série fut livrée au GC I/3 à partir de fin Janvier 1940. Au 25 Juin 1940, date de l'arrêt des opérations contre l'Allemagne et l'Italie, les GC I/3, II/3, III/3, III/6, II/7 totalisaient 114 victoires officielles et 33 probables obtenues sur D. 520. Les GC II/6 et III/7 et la 1re Flottille de Chasse de l'Aéronavale venaient d'être transformés et n'avaient pas été engagés sur ce type d'avion. Le D. 520 n° 437 sortit d'usine le 25 Juin 1940 et la production fut reprise au ralenti fin 1941. Le dernier vol sur D. 520 eut lieu le 3 Septembre 1953.

Armé d'un canon de 20 mm et de quatre mitrailleuses de 7,5 mm, le D. 520 atteignait la vitesse de 535 km/h avec les 920 cv de puissance maximale de son moteur Hispano-Suiza 12 Y 45.

Notre maquette représente après décoration, un avion de la 3e Escadrille (SPA 81 Les Lévriers) du GC II/3.

CONSEILS : Appliquer la colle en petite quantité, tout excédent de colle pouvant endommager les pièces. Pour peindre votre avion, utiliser les pinceaux et la peinture HELLER mate ou brillante.

Pour l'emplacement des cocardes et de l'insigne, se reporter à l'illustration du dessus de boite, l'insigne est placé derrière le poste de pilotage.

Kaki
Marron
Gris clair
Bleu ciel

partie de l'étude du H75 sur l'excellent P40B au 1/48, tout juste commercialisé par Monogram ! Commercialisé en septembre, ce kit présente une astuce amusante : les volets d'intrados prédécoupés. Ainsi selon la notice réalisée par Ph. de Lespinay « *vous pouvez présenter votre appareil volet d'intrados baissé : pour ce faire il vous suffit de plier le volet suivant son articulation, les volets d'intrados se trouvant sur l'aile inférieure* ». Ceci fut d'ailleurs souligné par « Interim » (Roland De Narbonne) dans *Tintin Magazine*. La critique apprécia modérément ce modèle qui fut commercialisé en même temps que le P36 d'Aoshima : « *ni le kit Heller ni celui d'Aoshima ne sont exempt de défauts mais ils peuvent l'un comme l'autre devenir de belles maquettes* » jugeait par exemple W.R. Matthews dans la *Flying Review* vol 22 n°3 de novembre 1966 accompagné de 11 profils couleur. On trouvait d'ailleurs déjà des pinailleurs, parmi les-

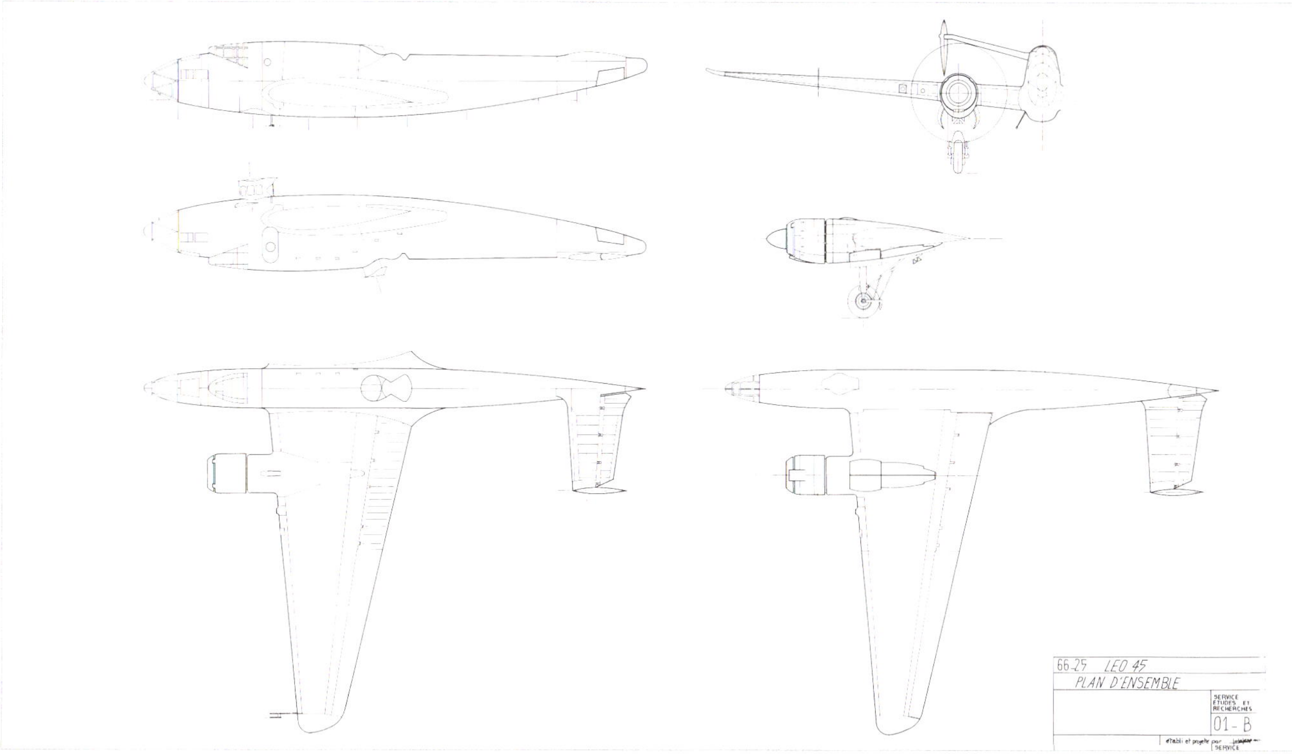

Le Lioré 45 sous sa forme de plan d'ensemble du Bureau d' études et la première boite.

quels Gaston Botquin dans *His Air Dec News* vol VI n° 8 avril mai 1967 « *Cet avion est labellisé H75A3 [par Heller] mais c'est en fait un A1 à cause du moyeu d'hélice fourni… Bien que je doive admettre que quelques A2 avaient cette hélice… il est supposé représenter le H75C1 numéro 130 de Marin la Meslée. Il est vrai que ce pilote fit la majeure partie de la Bataille de France sur ce n° 130 (qui est un A2 à cause de son numéro de série pris entre 100 et 200)…* »

Pour la promotion de la gamme M. Trochain monta le Dewoitine D520 et un autre collaborateur non identifié, les autres modèles de la gamme. Ces maquettes furent photographiées dans la cour de l'immeuble de la rue d'Hauteville (siège de Heller à Paris à cette époque). Certaines de ces photos seront utilisées directement pour la promotion dans le magazine professionnel « *la Revue du Jouet* ». A noter que l'ambiguïté sur les camouflages des Amiot 143 : bleu nuit ou chocolat se perpétuait chez Heller : si la notice indiqua toujours un brun, le maquettiste réalisa deux maquettes : une brune, une bleue ! Jean-Michel Trochain se souvient que *« Heller avait embauché pour monter ces maquettes un gars qui était un ancien pilote et qui se souvenait d'avoir vu des Amiot bleus à Chartres »*

Dans la *Revue du Jouet* n° 101 de septembre 1966 la campagne de promotion de la gamme Heller, en amont de la saison de Noël débuta par une double page : à droite *« 8 modèles nouveaux, 1/72 Musée »*, à gauche les dînettes Heller-Fillette ! De ces 8 modèles seuls 4 étaient illustrés par des photos de maquettes montées : l'Amiot 143 (avec les hélices qui tournent !) « par sa silhouette caractéristique avec son fuselage plat doté d'un énorme balcon vitré, son immense voilure et son atterrisseur fixe, l'AMIOT 143 est évocateur de l'aviation de l'entre-deux-guerres. Conçu comme bombardier de nuit, il volait à moins de 350 km/h. L'AMIOT 143 fut envoyé inconsidérément effectuer des attaques de jour en vol rasant, qui se soldèrent par de terribles pertes », le Dewoitine 520 *« Certains ont baptisé cet avion le « Spitfire » français. [...] il prit une part active à la campagne de France mais en trop petit nombre d'exemplaires »,* Curtiss H 75-A 3 « L'Armée de l'Air reçut plusieurs centaines de Curtiss, notamment des H75-

DEWOITINE 520
Certains ont baptisé cet avion le "Spitfire" français. Mais, du fait des évènements, sa carrière fut moins longue. Robuste, maniable, rapide, puissamment armé (un canon de 20 mm et quatre mitrailleuses) il prit une part active à la campagne de France mais en un trop petit nombre d'exemplaires.

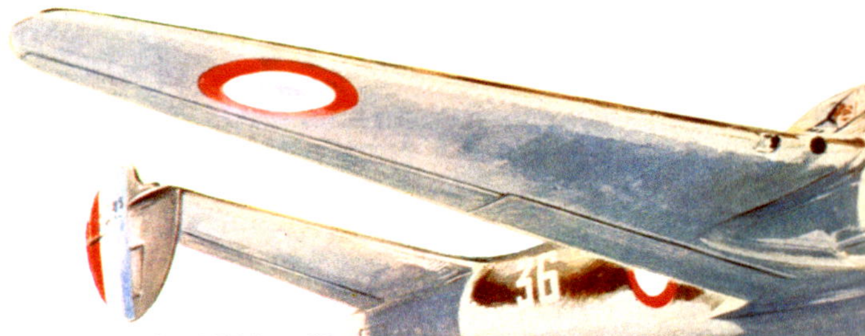

LIORE-ET-OLIVIER Leo 45
A la déclaration de guerre, la France ne manquait pas de bons avions, rapides et bien armés. Seulement, ils commençaient à peine à sortir en série au moment des premiers combats. C'est le cas du Leo 45, élégante machine, ultra-moderne, qui eut mérité une carrière plus longue et aurait pu connaitre la même évolution que ses homologues américains, anglais ou allemands.

BREGUET 693
Le cas du BREGUET 693 est le même que celui du Leo-45. "Trop peu et trop tard" a-t-on-dit. Les escadres d'assaut qui étaient équipées de ce matériel eurent l'occasion, au cours d'une brève campagne de démontrer ses indéniables qualités. La maquette Heller-Musée est la réplique fidèle de ce petit bimoteur auquel son nez court donnait un air volontaire qui lui allait très bien.

BLOCH 174
Equipées de Potez 63 - appareil prévu au programme 1967 de la série Heller-Musée - les escadrilles françaises de reconnaissance devaient recevoir des Bloch 174. Seules quelques dizaines d'exemplaires de cet excellent appareil sortirent malheureusement à temps pour prendre part aux opérations. Le BLOCH 174 était presqu'aussi rapide que les chasseurs allemands qui lui étaient opposés.

Heller

Lancer une série d'avions histori
français était un peu une gageure notamn
en ce qui concerne les avions ayant pris
aux combats de 1940. En effet, les bom
dements et le pillage ont réduit les arch
des constructeurs français à très peu de
ses, pour la majorité d'entre-eux au moin
Chacune des maquettes de cette nou
série Heller-Musée, est le fruit de recher
scrupuleuses, ayant demandé plusieurs
pour chaque modèle, né de la compilatio
dizaines de pages de revues ou de not
techniques... quand elles existent encore
tefois.

A 3, version dont la maquette Heller est le reflet fidèle », Marcel Bloch 152 « *rapide, maniable, bien armé, il n'eut pas le temps d'affirmer ses qualités, cette maquette est la première de la série Heller-Musée 1/72* ».

Le Morane 406 fut également bien perçu par les commentateurs: le fameux critique belge Mister Kit déclara en 1972 (*Spirou* n° 1792, 17 août 1972): « *il est pratiquement parfait, et probablement l'un des meilleurs de la série « Heller-Musée ». Il faut toutefois, pour obtenir la perfection, modifier un peu le gouvernail…* » Mister Kit en profita pour promouvoir un produit français apparu de manière contemporaine aux avions « Musée », les planches de décalques réalisées par Max Abt: « *un dernier conseil: la pochette de décals ABT n°.135 vous permet de réaliser un très beau Morane 406. Je vous la suggère sans réserve* ».

Le Dewoitine D520, le quatrième du quatuor initial de chasseurs, fut également bien accueilli « *c'est dans l'ensemble une bonne maquette à laquelle il n'y a pratiquement rien à reprocher, à part certains détails* » déclara Maquettes Plastiques *Magazine* quelques années plus tard en 1972.

Philippe de Lespinay se consacra au LeO 45 « *Roland de Narbonne amena des photos du Leo 45 et 450, et pendant que Trochain s'occupait du Dewoitine 520 et du Morane 406, Audren m'a mis sur le bimoteur. Un avion que j'admirais beau-*

Reproduction légèrement réduite des pages centrales du catalogue 1966.

MARCEL BLOCH 152
Chasseur monoplace, le MB-152 était lancé en fabrication de grande série lors de la déclaration de guerre. Rapide, maniable, bien armé (deux canons et deux mitrailleuses) il n'eut pas le temps d'affirmer ses qualités. Cette maquette est la première de série Heller-Musée 1/72e.

CURTISS H 75-A3
Devant la menace de guerre, la France fut contrainte d'accroître très rapidement son potentiel militaire et fut ainsi obligée de commander chasseurs et bombardiers aux Etats-Unis. L'Armée de l'Air reçut ainsi plusieurs centaines de Curtiss, notamment des H 75-A3, version dont la maquette Heller est le reflet fidèle.

MORANE-SAULNIER MS 406
Le MS. 406 formait la base de la chasse française à la déclaration de guerre, avec le Curtiss H. 75. Cet appareil avait d'indéniables qualités mais il était nettement surclassé par tous les avions de combat allemands - bombardiers compris - ce qui n'empêcha pas les pilotes français de remporter de très nombreuses victoires à son bord.

ème

MVSÉE

Il se peut que, malgré nos efforts, le collectionneur averti note ce qui lui paraît être une anomalie. Il nous excusera étant donné la difficulté particulière de la tâche entreprise et nous aidera en nous faisant part de ses réflexions.

L'adoption de l'échelle internationale 1/72e réjouira certainement tous les collectionneurs, car cela permettra à ces maquettes de s'intégrer parfaitement aux collections existantes.

R. de Narbonne

AMIOT 143
Par sa silhouette caractéristique avec son fuselage plat doté d'un énorme balcon vitré, son immense voilure et son atterrisseur fixe, l'AMIOT 143 est évocateur de l'aviation de l'entre deux-guerres. Conçu comme bombardier de nuit - il volait à moins de 350 km/h - l'AMIOT fut envoyé inconsidérément effectuer des attaques de jour en vol rasant, qui se soldèrent par de terribles pertes.

coup pour sa ligne magnifique. Comme c'était mon premier kit, je me suis mis au travail et ai sorti un plan qui devait rendre ce kit exceptionnel, avec pour la première fois sur un modèle à n'importe quelle échelle, des trappes de train d'atterrissage fermées, mais dont l'ouverture se faisait en coupant simplement deux petits tenons, et en les poussant ouvertes. Comme ceci, non seulement il n'y avait absolument pas besoin de colle, mais on pouvait monter l'avion sur un socle et les lignes pures n'étaient pas gâchées par un collage maladroit. J; ai aussi ajouté des détails à l'intérieur de la cabine qui n'avaient jamais été produits à cette échelle, jusqu'à avoir des décalques pour les différents tableaux de bord. »

Le LeO 45 malgré son haut niveau de détails eut droit à une tardive analyse en demi-teinte dans le *Fanatique de l'Aviation* en août 1976 « *avec le LeO 45, nous abordons encore une fois une maquette avec les qualités et les défauts bien spécifiques de la marque Heller. Le plastique noir utilisé est filandreux et assez fragile, par contre il fond bien sous la colle. Les moulages sont assez fins, bien détaillés (même dans l'erreur!). Les gravures sont fines et sans excès. Les dimensions générales de l'appareil sont correctes* ».

A noter que selon C.J. Ehrengardt qui indiqua dans *Maquettes Plastiques Magazine* de juillet 1971 avoir monté plusieurs modèles il y aurait un problème avec « *l'arrière du fuselage qui serait désaxé* ». Philippe de Lespinay n'évoqua pas de problèmes de moulages particulier mais « *il y eut des moments de panique: quand j'ai dessiné la maquette du LéO 45, j'ai dessiné quelque chose d'unique pour l'époque: l'utilisation du plastique comme charnière pour les trappes du train d'atterrissage. Les portes étaient moulées fermées, et il suffisait de les ouvrir si on désirait pour installer le train. Le train devait rentrer par les portes mais il ne rentrait pas! Après une sérieuse discussion avec le chef d'atelier du nom de Cavietzel, Roland de Narbonne a précisé que le train se pliait avant de rentrer dans les portes. Ouf!* »

Dans son dernier numéro de l'année, *Aviation Magazine*, après avoir encensé Brifaut deux ans auparavant, s'intéressa un peu à la gamme Heller dans un article intitulé « *maquettes en plastique… jouets ou pièces de musée?* ». Soulignant « *le 1/72 gagnant* » Michel Marrand, futur rédacteur en chef de *l'Album du Fanatique de l'Aviation*, rappela que « *le triomphe du 1/72 a été consacré par le virage vers cette échelle de plusieurs marques américaines. En France, la Société Heller a rendu ce phénomène irréversible avec sa série Musée, après avoir été un tenant du 1/50.*

L'évolution de cette firme vers la qualité à cette échelle est symptomatique de la tendance actuelle. Elle a de plus comblé le vide qui « figurait » *jusqu'à présent l'histoire de l'aviation française en maquettes, malgré une tentative des Maquettes Brifaut (sic)* ». Bref mais significatif: le passage au 1/72 fut bien la clé de l'accession d'Heller à la « cour des grands » pour *Aviation Magazine*. Remarquez au passage comment fut « *enterrée* » la gamme Brifaut!

Enfin on ne saurait quitter l'année 1966 sans mentionner deux autres grands projets de l'année chez Heller: « *Heller Fillette* », un ensemble de dînettes traité avec autant de précision que les maquettes (les décors des « *faïences* » furent dessinés par Nelly Lengellé, la femme de Paul Lengellé) et « *Heller-Magazine* », qui aurait du être une publication inspirée de « *Airfix Magazine* » mais ne fut jamais réalisée.

Petits papiers 67...

Regardons maintenant l'introduction du catalogue 1967, toujours signée de Léo Jahiel « *Ensuite, Heller a lancé au début de 1966, la série Heller Musée 1/72, offrant d'emblée des modèles entièrement inédits* ». C'est bien aussi l'avis du *Camouflage Air Journal* qui commence ainsi son analyse du Bloch 152 «... *La série Musée, consacrée à la production militaire française de 1939-1940... comble de manière heureuse une lacune totale jusqu'alors dans l'industrie des modèles réduits en plastique.* » On notera donc comment de concert l'industriel et l'amateur français oublient les deux produits anglais de 1963-1964 ! Laissons continuer M. Jahiel « *Au fil des mois, la qualité de ces maquettes a progressé dans des proportions telles que certains experts n'ont pas hésité à parler de perfections au sujet desquelles aucune critique ne peut être faite.* ». M. Jahiel cite ici sans le nommer le critique maquette de la *RAF Flying Review* qui dans le numéro de septembre 1966, volume XXII/1 survole ainsi les nouveautés Heller Musée « *the Amiot 143 bomber being a particularly outstanding product which it is impossible to criticise* » (« *le bombardier Amiot 143* [est] *un produit particulièrement remarquable sur lequel il est impossible de critiquer quoi que ce soit* »). « *Pour Heller, la perfection reste un mot : nous espérons faire mieux encore. Cette série Heller Musée sera élargie de huit modèles en 1967* ». Bizarrement seules sept nouveautés sont annoncées dont le Potez 63 apparu dans le catalogue 1964 [6]... : Mureaux 117, Caudron C 714, MS 230, Potez 631, Potez 63-11, Bloch 210, Potez 540. Le plus étrange c'est qu'une publicité parue en octobre 1966 dans la Flying Review annonçait fièrement « *12 nouveaux modèles pour 1967* » ce qui recoupait une annonce faite au magazine américain *His Air Dec* selon laquelle Heller se donnait comme objectif de produire 20 kits « France 1940 ». Un détail en

Heller
1/72 MVSÉE

BLOCH 174

Au printemps 1940, les chasseurs allemands, ayant pour mission d'abattre les avions de renseignement et de reconsance français eurent la mauvaise surprise de rencontrer un avion d'un type nouveau qui leur causa quelques ennuis puisque l'expérience devait prouver qu'il était plus rapide qu'eux !
Équipé de deux moteurs Gnôme et Rhône 14 N de 1040 CV, le Bloch 174 volait à 540 km/h à plein gaz, ce qui lui valait d'être, à l'époque, le plus rapide des avions français en service.

La maquette du Bloch 174 Heller est l'une des plus réussies de cette série, par son exactitude de formes et sa finition. Elle comprend une cinquantaine d'éléments très détaillés. Les habitacles ont leurs aménagements complets. L'appareil peut être présenté avec un atterrisseur rentré ou sorti.

AMIOT 143

Avec sa silhouette très particulière, évocatrice d'un autre âge, le bombardier Amiot 143 a obtenu la sympathie des maquettistes en 1966.
Bombardier de nuit, l'Amiot 143 fut conçu pour que ses différents postes de mitrailleuses puissent battre tous les secteurs sans angle mort, ce qui devait lui assurer une bonne protection.
Le premier Amiot 143 de série fut livré en juillet 1935 et le dernier, le 138e en mars 1938. Dès cette époque, cet avion est démodé mais il prendra néanmoins une part active aux combats de la Campagne de France.

La maquette de l'Amiot 143 n'est pas, à proprement parler, facile à monter. Elle recèle plusieurs difficultés qui rendent passionnant l'assemblage de [illegible] pièces.
Tourelles orientables avec mitrailleuses mobiles.

Heller
1/72 MVSÉE

BREGUET 693

A partir de 1935 le développement de l'arme blindée en Allemagne laissait prévoir le besoin d'un avion d'assaut blindé et puissamment armé pour l'attaque des colonnes routières en vol rasant.
C'est pour cette mission que fut dessinée par Louis Breguet le bimoteur Breguet 693.
Trapu et de lignes très ramassées mais élégantes néanmoins, le Breguet 693 fut construit en 280 exemplaires de plusieurs versions.

Par ses dimensions très réduites pour un bimoteur et ses lignes très fines, le Breguet 693 fait une très jolie maquette. Le plus grand nombre des éléments (56) et la diversité des parties translucides rendent le montage particulièrement intéressant.

LIORE ET OLIVIER 45

En novembre 1934 le Ministère de l'Air français rédigea un cahier des charges pour la conception d'un bombardier moyen rapide pouvant emporter 1 200 kg de bombes à 700 km. Le Léo 45 fut choisi et son prototype effectua ses premiers essais en janvier 1937.
A partir de la déclaration de guerre, la production fut intensifiée dans plusieurs usines. Au 25 juin 1940, 452 Léo 451 avaient été livrés. Certains devaient rester en service jusqu'en 1960.

La maquette Heller-Musée du Leo 45 est l'une des plus fouillées jamais produite en France. Pour une [illegible] d'éléments dont de nombreux aménagements intérieurs.

En haut. **La première édition du Bloch 174.** *Ci-dessus.* **Extrait du catalogue 1967.**

passant le Potez 63 commercialisé contient 86 pièces alors que selon *Air et Cosmos* celui annoncé en 1964 en aurait fait 60 ce qui suggère bel et bien un kit simple au 1/48 comparable à ceux de Artiplast et alors reboités par Heller : on peut donc imaginer une coproduction avant que ce ne soit à la mode. (Swordfish/Espadon : 62 pièces ; Walrus/Marsouin : 67 pièces).

Cette année-là, le bureau d'étude fut en partie décentralisé avec le recrutement sur le site de Trun d'André Maroutchak : « *je suis rentré chez Heller le 20 février 1967 et j'y suis resté jusqu'au 12 mars 1974. Lorsque je suis arrivé on m'a offert une boite de Mureaux 117 pour*

6. A noter que dans l'analyse des deux kits faite par IPMS Journal branche française vol II n° 1 (hiver 67/68) il est indiqué « on attend pour l'an prochain les [Potez] 633 et 637. Cette information n'est reprise nulle part ailleurs. Alors ? Rêveries du commentateur ou indiscrétion non réalisée ?

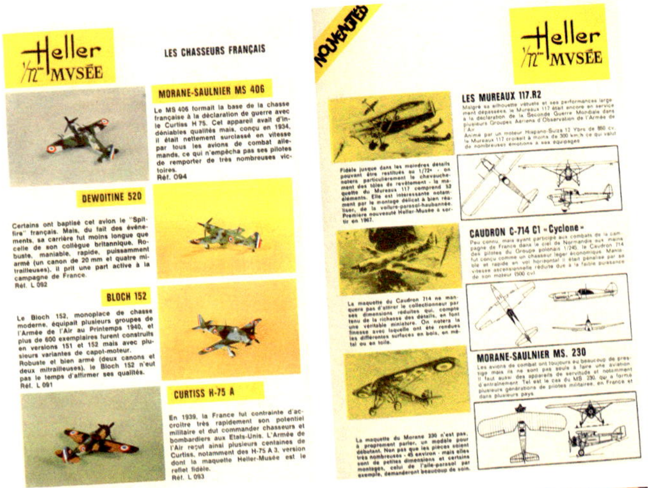

Ci-contre et page précédente
Couverture et pages intérieures du catalogue 1967. Les modèles déjà commercialisés sont illustrés de photos de maquettes montées, les modèles futurs de photo d'avion réel, d'illustrations de Paul Lengellé ou de plans de masse.

que je me familiarise avec le produit. Léo Jahiel était pressé par les Salons [du jouet] *et il pensait qu'avec un BE sur place* [à Trun, à côté de l'usine] *permettrait de gagner du temps. On a donc décentralisé mon poste mais il a bien fallu 6 mois pour que chacun puisse travailler. Au début je travaillais en binôme avec M. Bonnardel, c'est lui qui faisait les araldites. Ma première étude fut le Potez 63-11. La documentation m'avait été fournie par De Lespinay avec un plan trois-vues et des photos notamment des trains d'atterrissage.* »

Le Potez 63-11 n'eut droit qu'à un commentaire assez lapidaire, mais positif dans *Maquettes Plastiques Magazine* qui se contenta de faire remarquer « *une bonne partie des pièces du Potez 631 est utilisée.* […] *La gravure des pièces est tout aussi remarquable* »

Dans les boîtes

Cette nouvelle gamme se traduit en effet par un niveau de détail alors jamais vu dans la maquette plastique. Sur le Bloch 210 ce sont pas moins de 15 pièces qui permettent de détailler l'intérieur, jusqu'aux bouteilles d'oxygène (mais curieusement les tourelles restent vides) « *le détail intérieur est poussé* » reconnut d'ailleurs C. J. Ehrengardt dans son analyse pour *Maquettes Plastiques Magazine* en janvier 1971, tout en ajoutant « *mais les verrières ne sont pas assez transparentes pour permettre de le distinguer avec précision une fois le fuselage fermé.* » Sur les LeO 45 on atteint les 19 pièces d'aménagements intérieurs. Si l'on pense qu'à la même époque les pilotes de He 177 Airfix ou d'Emily Frog-Hasegawa sont bien contents d'avoir une chaise où s'asseoir ! Parlons-en justement des pilotes. Pour la série de monomoteurs de 1966, un petit moule spécial comprenant deux figurines de pilotes (identiques) fut réalisé. Il ne servit jamais que pour ceux-là et en principe les maquettes Heller n'ont depuis ce temps-là jamais inclus de pilote (il y a des exceptions comme les jets au 1/48 qui eurent également droit à leur mini-moule « pilotes »).

Les notices de montages subissent également des évolutions. Souvent elles se retrouvent entachées d'erreurs (sur le Curtiss H75 la référence est donnée comme « 2094 » au lieu de « L094 », et la vitesse de l'engin est évaluée à « 920 km/h ». Sur le Bloch 152 la référence est tout bonnement oubliée !) A l'opposé, les notices de certains multimoteurs comme le LeO45, le Potez 63-11 ou le Bloch 210 bénéficièrent d'une ergonomie améliorée à base d'encadrés à bords arrondis en parfaite synergie avec le design du catalogue de la même année. L'introduction de ce type de cartouche arrondi est revendiquée par Philippe de Lespinay dont on n'oubliera pas qu'il était passé par une école d'art graphique ce qui en faisait l'homme de la situation pour améliorer ces notices.

La première édition du Bloch 210

En fait tous les intervenants interviewés par l'auteur Gabriel Audren, André Maroutchak, Roland de Narbonne (au travers d'U.P.E.), Jean-Michel Trochain paraissent avoir travaillé à un moment où un autre sur les notices!

Ces notices sont bien perçues par les commentateurs « *la notice [du Bloch 174] est un modèle de clarté* » s'exclamait l'auteur de l'analyse dans le magazine de l'IPMS UK (décembre 1966). Pour *Airfix Magazine* de septembre 1967 toutefois « *les détails de construction de la notice* [du LeO45] *n'étaient pas à nos yeux adéquats. Le texte est en Français ce qui peut poser problème à ceux qui ne sont pas familiers de cette langue* ». A l'inverse la Revue du Jouet de mai 1967 illustra son article de présentation du même LeO 45 par des extraits de la notice en soulignant « *on verra ci-contre un extrait de la notice de montage, extrêmement précise et claire qui accompagne le modèle. L'extrait que nous publions correspond à l'une des roues. Les numéros sont ceux qui figurent sur les pièces et permettent un repérage sans erreur possible* ». On peut même se demander si ce n'est pas U.P.E qui réalisa le commentaire de la *Revue du Jouet*! Après avoir été confiée à U.P.E. la fabrication de ces notices fut ensuite réalisée à « l'imprimerie Heller » (créditée comme telle sur les notices). En parallèle on décida d'introduire au recto jusque là laissé vierge, des traductions en Anglais et en Allemand dont l'absence avait été critiquée par la presse étrangère. A. Maroutchak raconta: « *Je faisais aussi les notices, y compris celles des bateaux* (alors que les études de ces maquettes restaient l'apanage de M. Audren). *Mais pas les traductions. Pour çà j'envoyais les notices à Paris, chez un traducteur. C'est vrai qu'il n'y avait pas beaucoup de cohérence d'une notice à l'autre car nous n'avions pas beaucoup d'instructions sur comment les réaliser et très peu de retour clientèle sur comment notre travail était perçu par les maquettistes* ».

Ces notices subirent une refonte durant les années soixante-dix lorsqu'Heller s'aligna sur la concurrence Airfix, Frog, Revell et Matchbox pour proposer deux décorations par boite. Cette nouvelle version des notices ne fut pas aussi bien perçue. Ainsi Mister Kit commenta à propos du Caudron Renault CR714 C1 dans *Spirou* du 4 septembre 1975: « *quoique ayant presque 10 ans, c'est une bonne maquette. La notice de montage est très claire, davantage même que de nos jours où deux versions sont donnés sur la feuille (le format n'a pas changé) mais bien souvent d'une manière peu claire et toujours livrée avec le camouflage à moitié! Le côté droit de l'avion étant réservé à l'inspiration du maquettiste!* ». Il est de fait que les premières notices étaient bien plus précises, notamment en ce qui concerne la mise en couleur des détails (parfois jusque dans l'erreur comme l'obstination à peindre l'intérieur des avions français en vert pomme – dûment traduit en « green apple » pour les notices en anglais) que les suivantes, parfois très elliptiques sur ce sujet exemple le MS 230 sur lequel aucune indication de

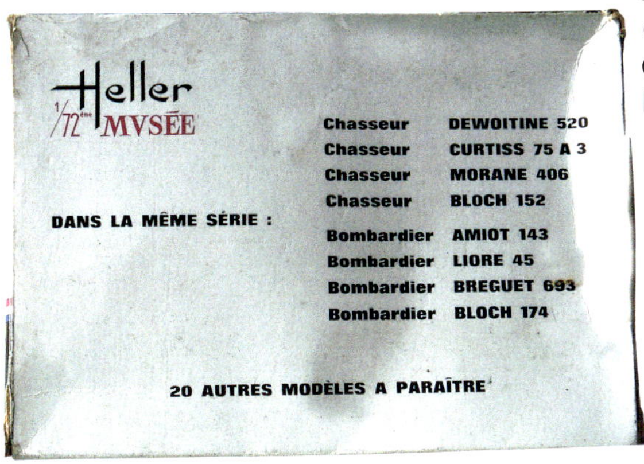

Notez sur ce dos de boite la référence aux « *20 autres modèles à paraître* » qui corrobore les annonces parues dans la presse de l'époque.

Premières éditions du Mureaux 117 et du Potez 631. Notez qu'il existe (au moins pour le Mureaux 117) une édition ultérieure, toujours sous label « Musée » mais sans la référence à R. de Narbonne.

mise en couleur n'est fournie [7]! Les références de couleur correspondaient aux peintures Heller, introduites à la même époque. *« C'est pour vendre ses peintures que Heller ne donnait pas des références de couleurs officielles et qu'on avait du vert pomme et du gris amiral dans les notices. Ca faisait rigoler tout le monde y compris au bureau d'étude »* se souvient aujourd'hui Jean-Michel Trochain.

Quant aux décalques elles font l'unanimité contre elles, brillantes, incomplètes, mal dimensionnées. On citera ici seulement le Camouflage Air Journal qui conclura son analyse du Bloch 210 lapidairement *« prix élevé… niveau de décals très bas »* pour enfoncer le clou lors de son analyse du Potez 63 *« si nous consentons à payer cher cette maquettes, au moins aimerions nous avoir des décalques satisfaisants »*. De même C.J. Ehrengardt dans *Maquettes Plastiques Maga-*

7. A noter une anecdote très connue chez Heller et qui m'a été racontée par plusieurs anciens : comme les notices conseillaient « d'utiliser la colle avec parcimonie », des consommateurs auraient écrit pour demander où l'on pouvait se procurer le mystérieux outil « parcimonie » !
8. Jean-Michel Trochain qui a aussi travaillé sur les décalques précise que les motifs étaient généralement dessinés 5 fois plus grands qu'ils ne devaient être imprimés.

zine de juin 1971 fut élogieux sur le plastique « *une des plus belles réalisations Heller* » mais il fit le procès des décalques « *les décalcomanies laissent un peu à désirer et représentent le Br 693 n°12 du GBA I/51 1re escadrille. L'alérion blanc sur fond bleu est pratiquement invisible et les inscriptions sur le gouvernail illisibles. Les couleurs des cocardes sont décentrées et le bleu est trop foncé.* » Pour Roland de Narbonne qui est à l'origine des décalques (imprimées par UPE) le problème venait de Heller qui « *tirait trop les coûts vers le bas, résultat avec les prix qui nous étaient faits on ne pouvait pas faire la qualité que l'on aurait souhaité* ». A Maroutchak précisa « *Pour les décalques les sérigraphies étaient réalisées à grande échelle* [8] *puis le support envoyé pour réduction et impression sur Paris. Ensuite nous avons intégré la production des décalques chez Heller par l'achat d'une machine à sérigraphier. Ca a permis de réduire les coûts et d'améliorer la qualité.* ». Qualité qui resta toutefois toujours insuffisante aux yeux des maquettistes. Heureusement, Max Abt et ESCI prirent vite le relais !

Sur les boites, les illustrations de couvercle

Il est à noter que les boites des premiers monomoteurs de 1966 reprenaient le format carré (dit format « KD » par homonymie) des boites Heller Cadet de l'époque. Cependant comme on trouvait que cela dévalorisait la nouvelle gamme Musée, il fut décidé de créer un nouveau format plus long (dit « format Z ») qui devint le « standard »

Francis Bergèse dans son atelier au milieu des années quatre-vingt. Au fond, à la droite de l'artiste plusieurs boîtes Heller.

Le Potez 540 dans son boîtage « Musée » et le contenu du kit. Précisons que les deux photographies ne sont pas à la même échelle.

Illustrations « Musée » réalisées par F. Bergèse

ANNÉE	SUJET
1977	NID 622 *[1re édition]*, Caudron Simoun, Dewoitine D510
1978	SBC-3 *[1re édition]*], MS 406, D520, MS225, MS230, Potez 540, Amiot [143], Caudron 714, Bloch 152, Potez 631, Bloch 174
1979	SBC (redéco SBC-3 ?*), LéO C30 (**)

(*) note de M. Bergèse lui-même
(**) maquette non commercialisée

Boîtes d'allumettes illustrées par Francis Bergèse.

des petites boites Heller. Les petits bimoteurs étaient emballés dans un format supérieur le « format A ». Les boîtages de la série initiale ont tous été réalisés par Paul Lengellé, peintre de l'air qui n'avait pas toujours la même vision des choses que son « client » Léo Jahiel. Ainsi Roland de Narbonne raconte que le projet initial de l'illustration pour le Morane 230, connu comme avion d'acrobatie aérienne, aurait du le représenter en vol sur le dos. Mais pour Léo Jahiel *« çà ne se faisait pas »* et ce n'était pas vendeur, aussi Paul Lengellé dut-il s'exécuter et remettre, de mauvais gré, son avion en vol normal ! Paul Lengellé travaillait d'après les documents fournis par Heller et non d'après des tirages d'essais des maquettes *« quant on travaille d'après maquette les proportions sont fausses à l'œil »*. La réalisation d'une illustration pouvait prendre de 8 jours (chasseur 1/72) à 3 semaines (un voilier), parfois moins *« chez Heller il y avait souvent des urgences »* Le plus long étant le dessin et la mise en page du projet. Le dessin initial était fait sur calque puis reporté sur la toile pour un travail à la gouache. Francis Bergèse prit la succession de Paul Lengellé en 1976 Né le 12 juillet 1941, Francis Bergèse venait alors juste de terminer une série de boites d'allumettes sur le thème des avions de l'Armée de l'Air pour le SIRPA lorsqu'il fut contacté par Léo Jahiel fin 1976. De 1976 à 1980, il fut sous contrat avec Heller réalisant plus de 130 illustrations dont 85 à thème aéronautique (dont une partie ne servira pas !). Pour ce qui nous concerne aujourd'hui il réalisera donc les illustrations de première édition du, D510, NiD 622 et Helldiver en 1977-1980.

Des Français pour l'Etranger

Dès 1966, Heller profita de l'accueil chaleureux de la critique, spécialement des magazines britanniques pour nourrir de grands espoirs à l'exportation. Ainsi une publicité dans *Flying Review International* d'octobre 1966, non seulement annonçait les 6 modèles déjà disponibles et les deux à venir mais précisait dans un encart « professionnel » que *« des représentants sont recherchés pour les pays suivants : Suède, United States, Angleterre, Canada, Finlande et Norvège. »* Le premier résultat sera atteint aux USA avec la création de la marque « Buzco » dès la fin de l'année. Buz Cohen (d'où « Buzco » !) était un fabricant de produits pour le slot-car sis à Van Nuys, North Hollywood en Californie. Les illustrations des boites étaient pour la plupart des reprises des tableaux originaux de Paul Lengellé mais réduite par rapport à la taille des boites. *« Pour les maquettistes perfectionnistes, seul Heller venu de France propose une telle qualité de détail en maquette d'avions. Ajoutez ces beautés historiques à votre collection. Chaque modèle est finement reproduit à l'échelle, clairement détaillé et fournit au collectionneur et au maquettiste sérieux une gamme d'avions français comme il n'en a jamais été encore disponible aux USA »* cla-

Plaquettes publicitaires Buzco pour la Toy Fair de New York. A l'époque certains fabricants américains ne produisaient pas de catalogues pour les professionnels mais uniquement des plaquettes au format A4 décrivant un produit ou une gamme.

mait la publicité Buzco. Malgré cela ce ne fut pas un succès et dès 1968, l'importation directe était reprise en main par Nat Polk du fameux magasin New-Yorkais « Polk's ». Nat Polk prit sa retraite au début des années quatre-vingt-dix et son magasin n'est plus aujourd'hui que l'ombre de ce qu'il était à l'époque où il se vantait d'avoir en rayon un exemplaire de toutes les maquettes produites dans le monde. Pour les Parisiens on peut comparer « *Polk's* » à ce que fut, à la même époque, la boutique aujourd'hui disparue « A la source des inventions » près de la gare de l'Est. En mai 1968, le magazine américain *Scale Modeler* réalisa un numéro spécial sur « la bataille de France » soulignant que « *à l'exception de la firme française Heller et de sa correspondante américaine Buzco, cette riche période historique a été presque entièrement oubliée, alors que c'est l'une des plus fascinante des temps modernes* ». Ce fut aussi l'occasion pour le magazine de présenter les différents kits disponibles à ce moment là via Buzco ou directement par Heller. « *De façon générale les kits Heller/Buzco sont comparables à ceux d'Airfix, la gravure est excellente, l'assemblage des pièces est bon, le détail fin et précis. Les trains d'atterrissages sont très bien rendus. Le MS 406 que nous montrons ici dispose d'un radiateur rétractable comme sur le vrai avion… Le kit du Bloch [MB210] de Heller/Buzco est une reconstruction typique de la force de bombardement obsolète de la France. A l'exception d'un joint assez pauvre au niveau de l'empennage et du raccord entre les demi-fuselages au niveau de la bulle avant, le modèle est excellent… Avec un très beau rendu des surfaces entoilées et un excellent assemblage de la verrière, le Bloch 210 et l'une des dernières nouveautés de Buzco/Heller… Le kit Buzco/Heller du chasseur Bloch* [MB152] *est la seule maquette disponible de cet appareil et malgré cela il est plutôt juste mais il faut quand même raccourcir le train d'atterrissage… Le Dewoitine 520 par Buzco/Heller est la meilleure reproduction de ce remarquable chasseur français que certains ont comparé au Spitfire et au Bf 109. L'un des kits les plus complets de la gamme Buzco/Heller est le LeO 451. L'énorme canon de 20 mm est un poil trop grand mais s'adapte bien, le train d'atterrissage et le détail de la soute à bombes*[9] *sont excellents. Les décalques des kits Buzco sont bien supérieurs à l'original et les instructions de montages beaucoup plus faciles à déchiffrer… Le kit Heller/Buzco du Potez 63.11 est très fidèle et ses décalques sont largement meilleurs dans la version américaine… Le MS406 par Buzco/Heller est l'un des meilleurs de la série. Le rivetage de la partie avant du fuselage, métallique sur le vrai avion, est très réussie de même que le fuselage entoilé à l'ar-*

9. *Quelle soute à bombes ? Le cockpit est détaillé mais pas la soute. Bizarre !*

Les trois séries de boîtes de maquettes siglées Buzco.

rière… l'Amiot 143 par Buzco/Heller est l'un des meilleurs kits de la firme et démontre jusqu'où pouvait aller l'obsolescence qui sévissait alors dans l'armée de l'air française »

Par contre, les kits Heller auront une importation plus discrète en Angleterre, ne devenant réellement aisément disponible qu'à partir de 1971 lorsque Richard Kohnstam (RIKO) devint l'importateur officiel de Heller. Ainsi ce n'est qu'en septembre 1966 qu'*Airfix Magazine* présenta la gamme à ses lecteurs, grâce à des modèles importés par BMW (Models) « *Les premiers modèles d'une nouvelle série au 1/72 ont récemment été commercialisés par la société française Heller* ». Comme on peut le constater même (ou surtout ?) pour les Anglais, l'échelle du 1/72 est déterminante. « *les nouveaux kits sont tous des avions français utilisés par l'Armée de l'Air juste avant l'armistice de 1940 et incluent un Bloch 152, un Amiot 143 et un Curtiss Hawk 75-A3. Chaque modèle est finement réalisé, le détail des rivets et le rendu général sont excellent* ». Comme les autres commentateurs, celui d'*Airfix Magazine* fut déçu par les décalques « *la seule critique que l'on puisse faire à ces kits concerne la qualité des décalques : tous étaient plutôt minces, quoique adhérant plutôt bien. Chaque modèle représente un avion particulier d'une escadrille* ». Là aussi on notera que la qualité des travaux de recherche d'Heller est louée : il est vrai qu'à une époque où beaucoup de fabricants n'indiquent pas l'unité d'appartenance des appareils reproduits, voir produisaient des maquettes avec des marquages assez génériques [10], le fait de mentionner les unités et les pilotes était un bon point

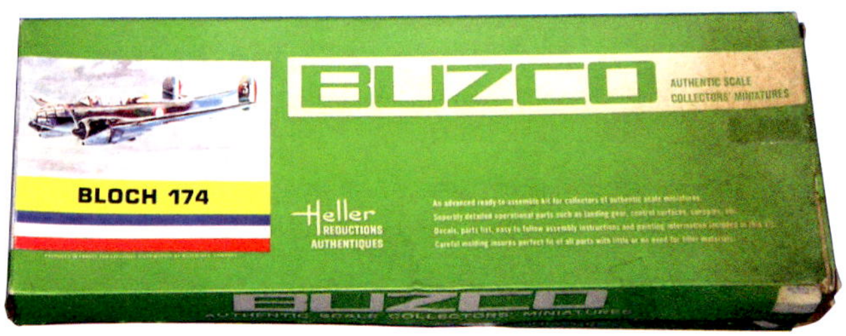

Heller « Musée » se vend aussi en Europe : MB152 importé en Allemagne par *Progresswerk*, boîtage du premier type, au format KD; la version finlandaise, dans tous les sens du terme , du Morane 406; Léo Jahiel, durant la Toy Fair de Londres de 1972, présente le Potez 540 à Glyn Pearson, de RIKO (Richard Kohnstam), l'importateur anglais de Heller

pour Heller. Deux mois plus tard *Airfix Magazine* consacra une autre brève analyse au Breguet 693 et commença par donner son avis sur l'intérêt global de la collection « *Du point de vue du collectionneur, chacun des kits de cette collection est un petit bijou car il y a bien peu de références sur lesquelles se baser pour en* « scratcher » *un et il y a de nombreuses personnes intéressés par cette période de début de guerre* ». Que voici un commentaire bien « d'époque » et qui contraste agréablement avec celles de nos jours : combien d'auteurs actuels glosant sur les nouvelles productions des fabricants (qui ne sont parfois que des variantes d'éditions antérieures différant d'elles par une antenne ou un tube venturi) osent encore présenter le scratch comme une alternative viable à l'achat d'un nouveau kit ? « *Le modèle Heller* [du Br 693] *est un excellent kit. Le détail est du plus haut niveau et les 57 pièces s'assemblent bien même si il y a eu des moments délicats lors de l'assemblage de la partie train d'atterrissage* ». Sur la base des publicités de l'époque BMW (Models) (pas de lien avec les Bayerische Motor Werke mais plutôt avec la localisation de cette boutique à Wimbledon ! BMW = Builders Merchants Wimbledon) semble avoir été l'unique importateur de Heller en 1966-1967. D'ailleurs la publicité en dos de couverture du numéro de décembre 1966 d'*Airfix Magazine* indique que « *avec la coopération spéciale du fabricant français et compte tenu de la grande popularité de ces kits, les prix standards ont été largement réduits* ». Une occurrence rare mais vraie car par

10. *Par exemple souvenons-nous des avions allemands d'Airfix aux immatriculations assez fantaisistes (Ju 87B, Fw 190D-13, Do 217 E) et du Mitsubishi Zéro porteur d'une décoration de Kawasaki « Tony » !*

La boîte « Musée » du chasseur Caudron.

exemple le Bloch 152 qui valait 7/11 en novembre, fut annoncé à 5/11 dès décembre tandis que l'Amiot 143 passait de 19/11 à 15/11… Mais il faut dire que dans le même temps un P-47D Airfix était annoncé à 2/3 ! Preuve de l'importation un peu hachée en Angleterre deux kits furent analysés en mars 1967 par *Airfix Magazine* : l'Arc en Ciel (commercialisé en France 3 ans auparavant !) et le Bloch 174 *« C'est un kit bien réalisé et à l'exception du joint de l'empennage qui se monte bien. Le détail est d'un niveau raisonnable et juste.* […Mais] *Heller pourrait se permettre d'améliorer ses décalques qui sont ici du genre brillant rencontré sur les modèles précédents de la gamme ».* De même BMW (models) annonça comme « new » l'Amiot 143 en juillet 1967 alors qu'ils en avaient remis un pour analyse à Airfix Magazine l'année précédente ! En septembre fut analysé le Loire (sic) et Olivier Leo 45 *« La maquette est une réduction compétente du prototype grandeur nature. Un intérieur très détaillé est fourni d'aucun pourrait prétendre qu'il est perdu lorsque le fuselage est refermé et les verrières collées* […] *c'est un modèle cher à 15s 11d mais il est certain qu'il y a des ventes assurées pour ce modèle qui s'ajoute à la série en expansion de Heller »*

Et ce n'est qu'en 1977, sous l'influence de Mme Vissouze, (voisine d'origine suédoise de Léo Jahiel qui l'a recrutée pour ses compétences linguistiques) les pays scandinaves furent commercialement prospectés par Heller. Par contre ils accueillirent Heller avec un grand enthousiasme, et des décorations spécifiques pour cette zone géographique furent appliquées à certains appareils. Parmi les matériels d'origine française seul le MS 406 subira ce re-boîtage aux couleurs finlandaises (curieusement il n'y a pas trace d'un Caudron 714 qui semblerait pourtant un sujet logique pour ce même pays). De même la gamme Allemagne-Autriche réalisée à la demande l'importateur Schreiber aurait pu inclure des appareils capturés mais, probablement par amour-propre national cela n'eut pas lieu. De même la gamme italienne un moment envisagée qu'on pourrait imaginer avec un D520 et un Br 693 ne fut pas commercialisée… Il a été évoqué toutefois la possible existence de Bloch 152 aux couleurs grecques résultant d'une initiative de l'importateur local sans que cela puisse être confirmé.

Petits papiers 68…

« Allez Heller » Ainsi commençait l'éditorial de Léo Jahiel pour cette année-là. Cet éditorial, plus cours que les années précédentes, vante toujours en premier lieu, en ce qui concerne l'aviation, la série Musée qui *« dépasse le standard de qualité internationale, nos appareils sont considérés sur nos marchés d'exportation, comme parmi les plus fins et les plus fidèles du monde entier. »* Dans les pages du catalogue on insistait toujours sur l'effort de recherche documentaire qu'on nécessité ces modèles : *« chacune des maquettes de la série Heller Musée est le fruit de recherches scrupuleuses et difficiles. Les archives souvent détruites, toujours rares, ont obligé Heller à pratiquer fréquemment dans ses bureaux d'études, la reconstitution complète des plans de forme de ces appareils. Nous sommes fiers, nous les gens de chez Heller d'avoir pu fabriquer une ligne d'appareils français qui fait honneur au maquettisme. »* C'est la dernière phrase, rédigée au passé ; qui est importante : en 1968, le cœur n'y est plus. En fait le programme des bombardiers Heller a manifestement été aussi chaotique que les

programmes de réarmement de 1938~1940! Souvenez-vous, nous avons vu ci-dessus que dans l'éditorial du catalogue 1966, Léo Jahiel ne parle que de « bimoteurs » : faut-il en déduire que les quadrimoteurs n'ont jamais été envisagés ? Pourtant quand le magazine américain *His Air Dec* (vol VI : 5 avril/mai 1967) a annoncé au printemps 67 le programme Heller il a listé à côté des Potez 63 et 63.11, ANF les Mureaux 117, LeO 45, Caudron CR714, Bloch 210 qui ont tous été commercialisés *« le fameux quadrimoteur qui lança les premières bombes sur Berlin en 1940 : le Farman 223-4 »* et précise que *« le but final de Heller est de produire vingt maquettes des avions français de la 2GM dont 8 ont déjà été commercialisés »*. Cette bonne nouvelle est également annoncé par le journal de la branche française de l'IPMS qui en juillet/août de la même année (Vol I n° 8/9) prédit pour 1968 les kits suivants *« D500, Potez 54, MS 225, MS 230, Amiot 354 et Farman 222 »*. On aura déjà noté qu'il faudra en fait attendre presque dix ans de plus pour le Dewoitine D500. Quant au Potez 54 il sortira en 1972 de même que le duo de Morane parasol.

Quand aux autres bombardiers leur saga continuait car de source IPMS on apprit au début 1968 (Vol 2 n°1 Décembre 67-Janvier 68) que *« le Farman 222 est remplacé par le Bloch 131* [et que] *pour plus tard sont prévus des avions de grands raids. »* Le Farman 222 n'a semble-t-il été qu'une simple *« velléité commerciale »* car Roland de Narbonne ne se souvient plus aujourd'hui d'avoir monté de dossier le concernant. Cette année-là ce sont les navires et les voitures qui

Aggrandissement des illustrations du catalogue pour le Bloch 131 et Amiot 354, seuls éléments de preuve survivant de l'existence de ces projets de maquettes.

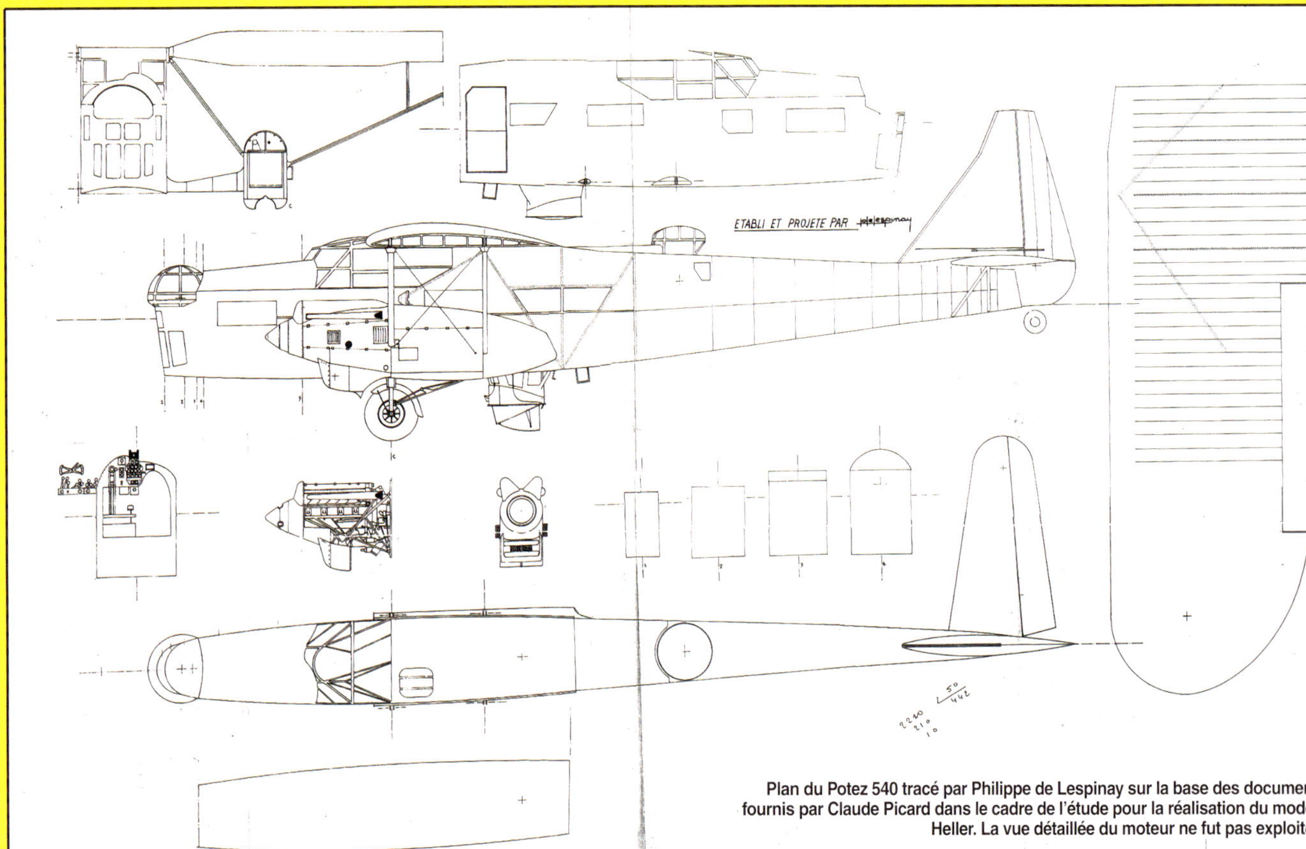

Plan du Potez 540 tracé par Philippe de Lespinay sur la base des docume fournis par Claude Picard dans le cadre de l'étude pour la réalisation du mod Heller. La vue détaillée du moteur ne fut pas exploit

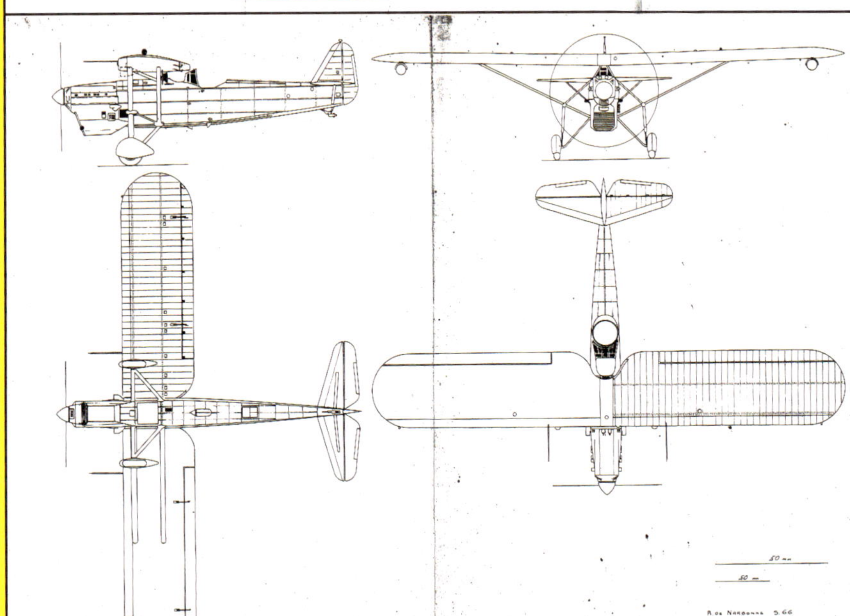

Plan du Mureaux 117 fourni par Roland de Narbonne.

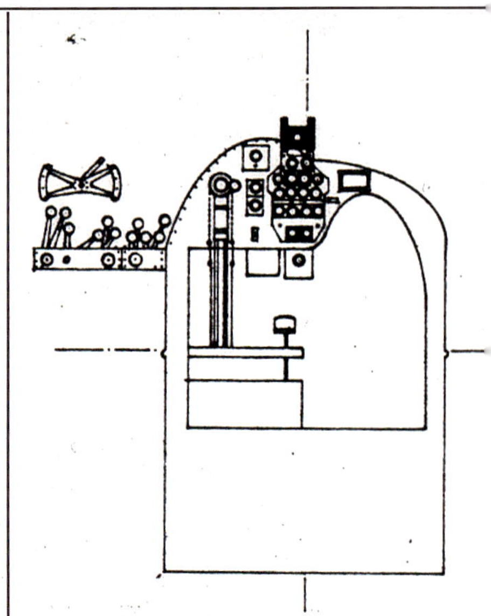

Reproduction en taille réelle du détail du tableau de bord du Potez 540 tracé par P. de Lespinay.

LES PLANS DE CONSTRUCTION, DE MASSE ET DE PREPARATION

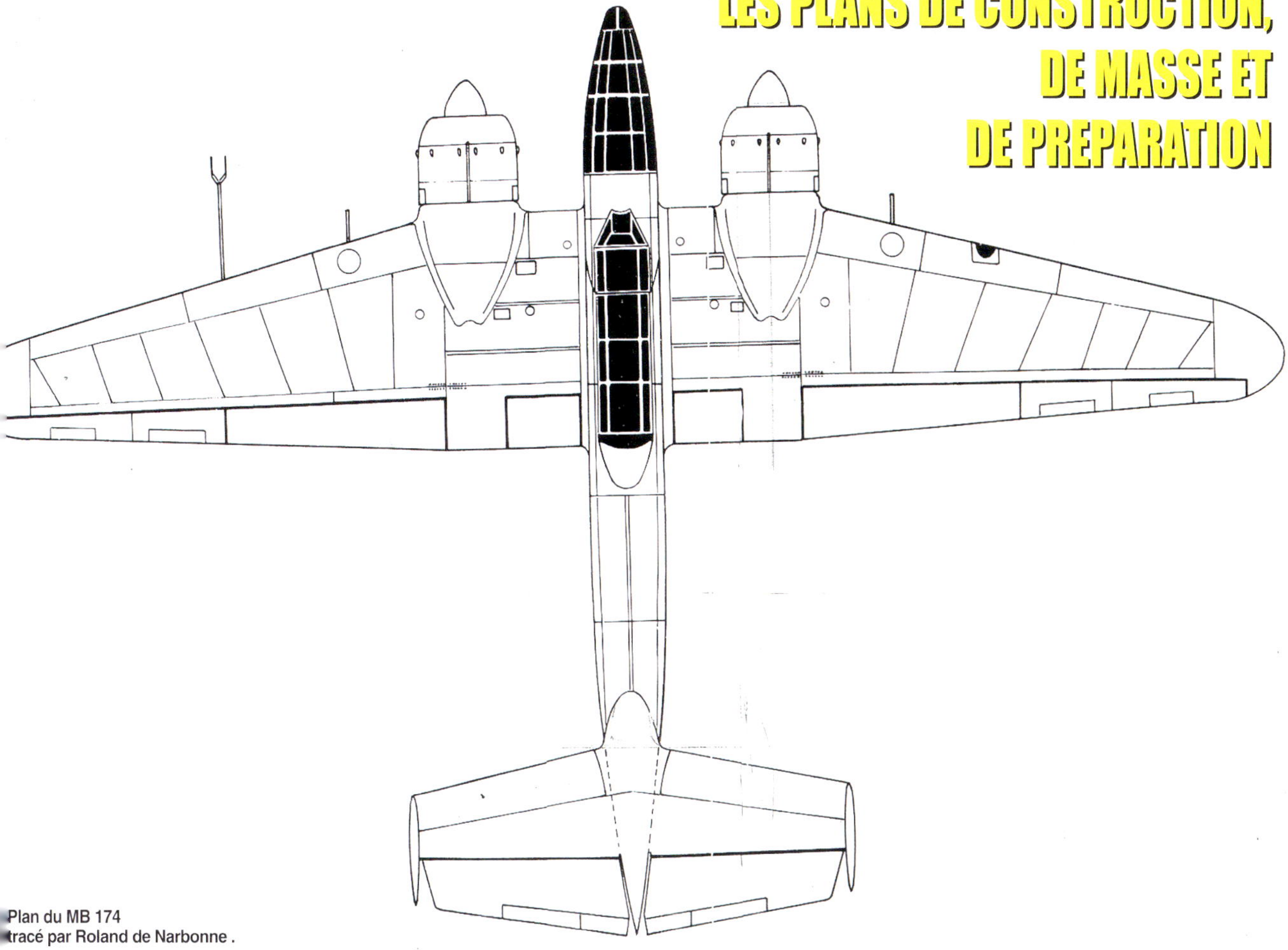

Plan du MB 174
tracé par Roland de Narbonne .

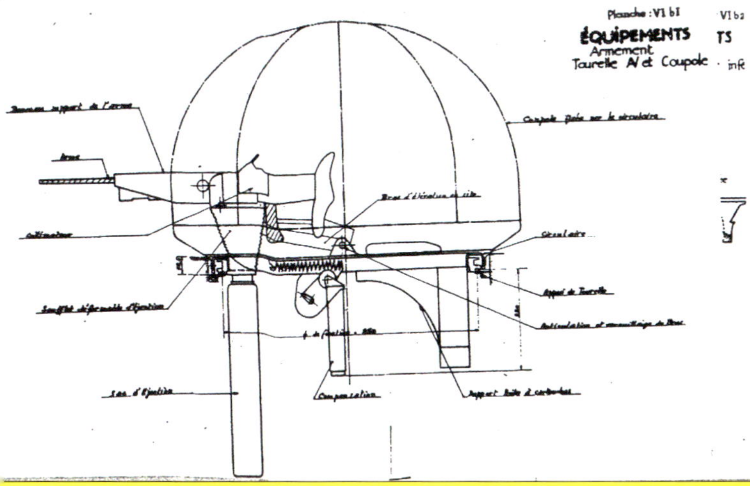

Documents Potez (fournis par C. Picard) issus du dossier d'étude de la maquette du Potez 540.

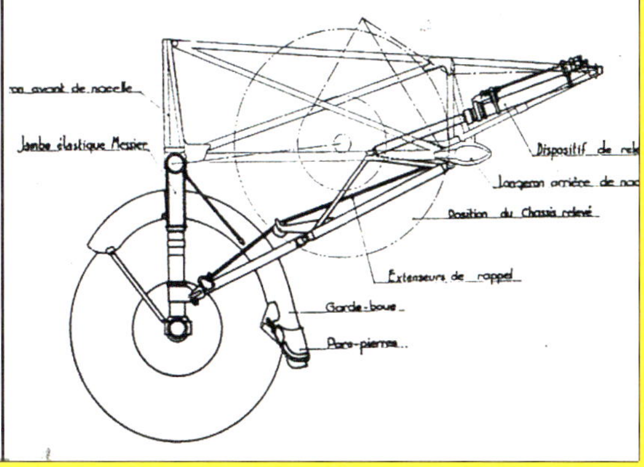

Les maquettes montées pour les catalogues 1967 et 1968.

ont le vent en poupe. Le Bloch 131 est d'ailleurs présenté comme *« chasseur bombardier, le dernier de la série Heller-Musée, mais non le moins intéressant. Cette superbe maquette complétera heureusement cette série »*. En fait ni le Bloch 131, ni l'Amiot 354 qui étaient également annoncés pour 1968 ne seront commercialisés et les amateurs devront attendre 1995 avec les kits Mach 2 produits et réalisés par Didier Palix pour pouvoir mettre ses avions dans leurs vitrines. Ces modèles furent probablement interrompus assez vite et lorsque Ph. Goulard entra chez Heller au bureau d'étude en 1972 il ne se souvient que d'avoir vu *« un vague plan trois vues, certainement pas une étude complète »* dans les dossiers les concernant. Ceci correspond également aux souvenirs de Jean-Michel Trochain *« j'avais fait le plan de ces deux avions »*. La même année le catalogue consacra une demi page aux avions de raid évoqués par l'IPMS. Là aussi l'intention pourrait bien avoir été de se positionner dans la lignée des projets initiaux de… Pierre Brifaut. *« Heller met au point actuellement une nouvelle série aviation qui vous passionnera… Réalisée au 1/72, elle illustrera les grands raids ainsi que les grands aviateurs que le public français se doit de connaître »*. L'association entre avion et pilote était une caractéristique de la gamme initiée par Brifaut et avait été identifiée comme un gage de succès par Heller. André Roche se souvint à propos du Spad VII au 1/40 *« j'ai poussé pour la sortie de la gamme historique avec le SPAD : à partir du moment où on a un modèle [d'avion] connu et un nom connu, comme Guynemer, le modèle se vend bien »*. Le catalogue précisait à propos de la gamme « grands raids » : *« cette série s'intégrera dans la série « Heller-Musée », par son échelle, par le souci de la documentation, par les soins passionnés à la finition. D'ores et déjà : le Bréguet (sic) 19 de Coste et Bellonte, le Potez de la Croisière Noire du Général Vuillemin, l'Oiseau Blanc de Nungesser et Coli »*. Mais aucune de ces maquettes ne verra le jour. A ce qui a été rapporté à l'auteur ce serait les mauvaises ventes de l'Arc en Ciel qui seraient la cause de cet abandon. On peut se permettre d'en douter : l'Arc en ciel était en rayon depuis 3 ans à une époque où il était estimé qu'un modèle devait être « désinvesti » (rentabilisé) en moins d'un an. L'abandon de tous les projets « avions » est probablement plutôt à rechercher dans une réaffectation des ressources aux gammes émergentes (voitures : le centre d'intérêt de Ph. de Lespinay) ou en développement (Marine nationale et voiliers : centre d'intérêt de M. Audren). D'ailleurs les couvertures des catalogues 68, 69 et 70 sont révélatrices : deux voiliers, une voiture. A la place des projets avortés, ce sont ce que l'on appelle aujourd'hui des « déclinaisons » qui sortiront avec le MS 225 et le LeO 451 (la décoration post-armistice aurait été suggérée par JM Trochain). Il faut dire qu'en 1967 de nombreuses séries de « diversification » ont été lancées : ainsi on note *« le début d'une série voiture »* (la R16 lancée l'année précédente), *« la Marine Nationale »*, les dînettes *« Heller Fillette »* et l'annonce d'un *« Heller Magazine*[11] *»*… Comme on le voit l'actualité était chargée à l'époque chez Heller. De plus A Maroutchak précise qu'il ne fallait pas toujours trop se fier aux annonces catalogues *« A cette époque, tout tournait autour des Salons et du coup on mettait parfois la charrue avant les bœufs : les catalogues étaient imprimés alors même que la décision de production n'était pas prise et que la charge de travail pour réaliser tel ou tel modèle n'était pas comptabilisée ! »*

Annonce de la gamme « Grand Raids » dans le catalogue 1968.

Heller

Heller met au point actuellement une nouvelle série aviation qui vous passionnera...

Réalisée au 1/72e

Elle illustrera les grands raids ainsi que les grands aviateurs que le public français se doit de connaître.

Cette série s'intégrera dans la série « Heller-Musée », par son échelle, par le souci de la documentation, par les soins passionnés apportés à la finition.

D'ores et déjà :

Le « Bréguet 19 » de Coste et Bellonte,
Le « Potez » de la Croisière Noire du Général Vuillemin,
L' « Oiseau Blanc » de Nungesser et Coli,

Sont prévus...

Toutes vos suggestions seront bien accueillies et étudiées...
Toute la documentation dont vous pourriez disposer nous aidera aussi dans cette tâche ardue.

11; Il y a quelques années Heller s'est réessayé au genre avec un magazine dénommé « Timemasters » qui s'arrêta au bout de 5 numéros

12. Verneuil était un sous-traitant et un concurrent de Heller surtout dans le domaine des maquettes de bateaux. Plusieurs employés de Heller furent débauchés de chez Verneuil durant la période 1967-1968. Suite au décès du patron de Verneuil la production de maquette s'arrêta peut après et les moules furent revendu à RBI qui ne les a jamais réédités.

Nouvelles boîtes de construction d'avions en plastique au 1/72e

AVANT 14 18

AVRO 1909, triplan et le CURTISS GOLDEN FLYER 1909, biplan. Les 2 avions en boite RENVAL ... F 12.90

14 18

MORANE-SAULNIER-N, chasseur monoplan, France. La boite REVELL ... F 3.95

NIEUPORT-17, chasseur biplan, France. La boite REVELL ... F 3.95

NIEUPORT-28, Chasseur biplan, France. La boite REVELL ... F 3.95

SPAD-XIII, Chasseur biplan, France. La boite REVELL ... F 3.95

ALBATROS-D-III, Chasseur biplan, Allemagne. La boite REVELL ... F 3.95

FOKKER-D-VI, Chasseur biplan, Allemagne. La boite REVELL ... F 3.95

FOKKER-DRI, Chasseur triplan, Allemagne. La boite REVELL ... F 3.95

FOKKER-E-III, Chasseur monoplan, Allemagne. La boite REVELL ... F 3.95

SE-5-A, Chasseur biplan, Anglais. La boite REVELL ... F 3.95

SOPWITH Camel, Chasseur biplan, Anglais. La boite REVELL ... F 3.95

SOPWITH, Chasseur triplan, Anglais. La boite REVELL ... F 3.95

DÉCALCOMANIE pour le 1/72e voir page 45

39 45

FOCKE WULF-190, Chasseur monomoteur, Allemagne. La boite REVELL F 5.95

MESSERSCHMITT-109, Chasseur monomoteur, Allemagne. La boite REVELL F 5.95

MESSERSCHMITT-262, Chasseur à réaction, Allemagne. La boite REVELL F 5.95

BELL-AIRACOBRA-P-39, Chasseur monomoteur, USA. La boite REVELL F 5.95

BUFFALO F-2-A-1, Chasseur monomoteur, USA. La boite REVELL ... F 5.95

CORSAIR, Chasseur monomoteur, USA. La boite REVELL ... F 5.95

MUSTANG-P-51-D, Chasseur monomoteur, USA. La boite REVELL ... F 5.95

THUNDERBOLT-P-47, Chasseur monomoteur, USA. La boite REVELL ... F 5.95

BOEING KAYDET, Biplan, USA. La boite REVELL ... F 5.95

TEMPEST MKV, Chasseur monomoteur, Anglais. La boite REVELL ... F 5.95

HURRICANE, Chasseur monomoteur, Anglais. La boite REVELL ... F 5.95

KITTY HAWK P-40, Chasseur monomoteur, Anglais. La boite REVELL ... F 5.95

SPITFIRE MK-II, Chasseur monomoteur, Anglais. La boite REVELL ... F 5.95

B-17, Forteresse volante, longueur 320 mm, envergure 460 mm, échelle 1/72e. La boite HELLER ... F 24.00

B-25 MITCHELL, Bombardier moyen bimoteur, U.S.A., échelle 1/75e, envergure 300 mm. La boite MONOGRAM F 12.30

B-26 INVADER, Bombardier bimoteur à tourelles automatiques U.S.A., échelle 1/75e, envergure 310 mm. La boite MONOGRAM F 12.30

ALBATROS, Hydravion américain bimoteur au 1/72e, envergure 410 mm. La boite MONOGRAM ... F 18.90

Insert couleur dans la « *Documentation maquettiste* » du magasin de « *La source des Inventions* » en 1968-1969. Les Morane parasol ne sont pas encore commercialisés, à l'inverse le B-17 « Heller-Revell », illustré à droite, est en fin de carrière.

A l'opposé les événements qui secouaient alors la France n'eurent que peu d'impact sur Heller. En effet compte tenu de la politique salariale généreuse de Heller (des augmentations de l'ordre de 20 % par an se souviennent certains anciens) et des avantages en nature (facilités pour des achats immobiliers dans la région normande) les salariés n'étaient que peu enclins à faire grève. Toutefois cette approche n'était pas forcément celle des autres industries locales dont certains salariés auraient menacé de « *tout casser* » dans l'usine Heller si cette dernière ne se joignait pas au mouvement de grève national. Après une réunion entre M. Jahiel et son encadrement on tomba d'accord sur un mouvement symbolique de 5 jours « *en gros [prenez] une semaine de vacances* ». Gabriel Audren, alors patron du Bureau d'Etudes parisien témoigna bien des années plus tard à l'auteur « *pendant les grands mouvements, M. Jahiel avait décidé de fermer l'usine tout en payant les salaires. Quelques ouvriers manifestèrent dont certains au prétexte que les marchés des maisons qu'Heller leur avait offert (au titre du 1 %) n'avaient pas la hauteur des marchés du métro soit 16,6 %. Les maisons avaient été construites et données pour attirer les techniciens de Lyon et de chez Verneuil* [12] » L'année 1968 sera pourtant une bonne année en terme de profit se souvient encore le chef-comptable de l'époque, M. Durribreux ce qui fait écho aux bonnes critiques qui accompagnent la « fournée » de l'année par exemple, IPMS-France (vol III n° 3 avril-mai 68) juge que « *la maquette Heller du Mureaux 117 est… Excellente (notamment les rivets et leur emplacement sont remarquablement exécutés et parfaitement exacts)* » et à propos du Caudron 714 considère que c'est « *une très jolie maquette… Fort bien moulée* ».

Intermède et fin de série

En 1969 dans son 5e numéro « *l'Album du Fanatique de l'Aviation* », sous la signature de « Plasticus Maxima » (à l'époque les analystes de maquettes du « Fana » se cachaient sous des pseudonymes rigolos) présenta ainsi la gamme « *Se plaindre de l'absence de maquettes d'avion français a longtemps été la tarte à la crème des discussions entre amateurs. Les médiocres tentatives de Frog- Tri Ang pour produire des modèles français avaient même ajouté à la consternation générale. Puis vint… Le Sauveur, personnifié par Heller, c'était en 1966, An I de la maquette française. Avec sagesse cette firme française a su s'aligner sur une échelle nouvelle pour elle mais tellement usitée qu'elle était devenue intangible* [sic] *depuis des années, notre fameux 1/72. Il n'est pas besoin de rappeler ici la gamme des modèles Heller, nos lecteurs ne sont pas des débutants. Pendant deux années une avalanche de modèles s'est abattue sur les maquettistes au point de les prendre de vitesse. Les modèles les plus connus de l'aviation française de 1939-1940 ont été sortis et nous sommes à l'heure actuelle dans une période de pause pour cette série Musée*

Le catalogue 1970 et le mini catalogue paru la même année.

Ci-contre.
Première édition du Morane 230.

Ci-contre.
Reproduit ici en taille réelle, le plan des pièces (ici verrière principale) pour le Br 693. C'est à partir de ce plan que travaillait le mouliste.

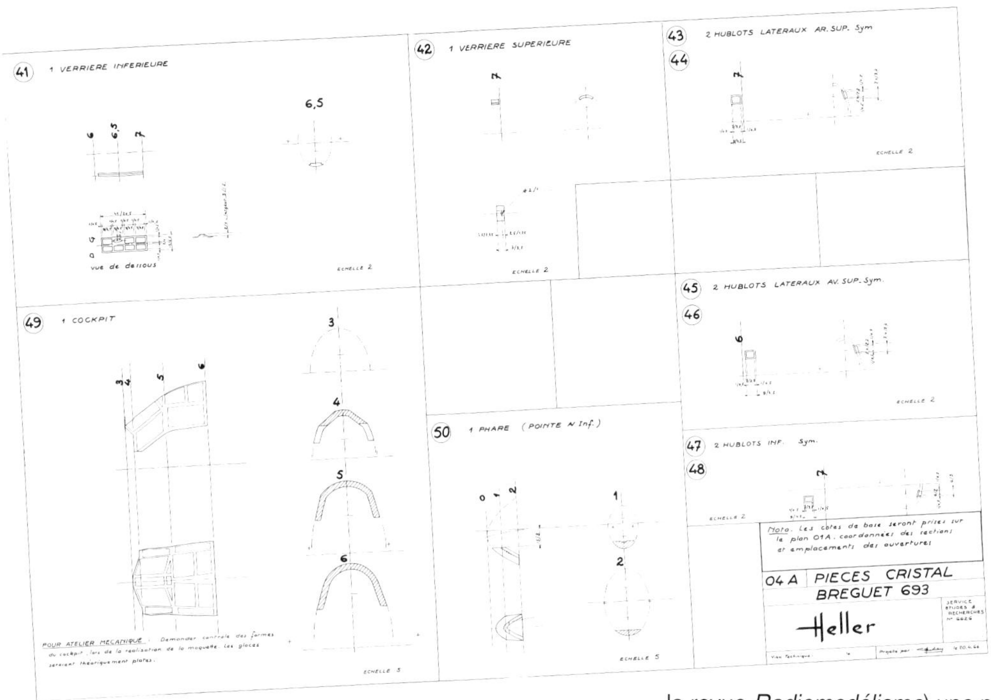

qui n'est heureusement pas close. » Comme on le voit Plasticus Maximus avait une excellente analyse de la situation mais s'illusionnait un peu sur la poursuite de la série…

« Pour la qualité des maquettes on peut estimer maintenant avec le recul du temps et après avoir opéré toutes les comparaisons possibles qu'Heller a atteint une bonne moyenne comparable aux meilleures productions étrangères. » Les « comparaisons » auxquelles fait référence Plasticus Maxima restent aujourd'hui bien mystérieuses. La seule « comparaison » possible semble devoir être entre les Curtiss H75 de Heller et celui de Monogram… Dont tous les commentateurs de l'époque dirent qu'elle était à l'avantage (de peu) du modèle américain. Ce fut d'ailleurs aussi l'impression de « *l'Album* », cette fois sous le pseudonyme de « Constant Scale » (Jacques Robineau de son vrai nom) qui en novembre 1972 analysa ainsi le Curtiss H75 *« ce sympathique avion est particulièrement bien représenté au 1/72 puisque quatre marques le commercialisent en France. Dans ce large choix notre préférence va à Monogram, dont la réalisation parfaitement proportionnée, aux détails finement gravés, est supérieure à celles de ses concurrents : Heller, Revell ou Aoshima »* Pour son premier contact avec la gamme *« l'Album du Fanatique de l'Aviation »* le Bloch 174 fut choisi. El l'analyse fut dans la lignée de celles des autres publications *« Comme toujours avec une maquette Heller, l'examen des pièces est une joie, tant elles sont fines. Les lignes de structure, rivets, tête de vis, sont gravées avec une délicatesse et une discrétion rare. […] Les décals fournis sont de la qualité Heller courante, c'est-à-dire que… nous aimons mieux parler d'autre chose. […] Malgré les défauts signalés, cette maquette a une excellente allure et elle donne une idée très précise de ce qu'a été cet avion. »*

En 1970, pour le premier numéro de *Maquettes Plastiques Magazine* (alors juste un supplément au n° 47 de la revue *Radiomodélisme*) une publicité Heller montrait un photomontage du LeO 45, du Br 693 et de l'Amiot 143 peints à la va-vite avec une patine réalisée à grand coup de brosse imbibée de peinture argent. Cette publicité soulignait *« une recherche rigoureuse et passionnée… »* ce qui renvoyait donc au catalogue de 1966. Cette publicité même si elle donne l'impression d'avoir été improvisée dans l'urgence est importante car c'est la première publicité Heller dans le premier magazine dédié au maquettisme plastique en France ! Cette même publicité fut reprise dans le numéro suivant mais ensuite Heller préférera promouvoir ses voiliers avec des photos plus léchées.

En février 1972 l'analyse de *Maquettes Plastiques Magazine* précisa que *« récemment la gravure des panneaux et rivets a été revue et peut désormais être comparée favorablement aux meilleures productions de cette marque »*. Cette affirmation n'est pas supportée par l'examen comparatif de maquettes de début de série (boite carrée) et de production actuelle.

Dès mars 1972 le fameux magasin parisien « la Maison du Jouet » annonça dans son encart publicitaire en 3e de couverture de l'*Album du Fanatique de l'Aviation « Heller : série Musée 1/72 Morane 225 et Morane 230, date de sortie prévue avril 1972. Nous prenons dès maintenant les commandes pour ces deux très intéressants modèles. Livraison dès parution »*. Annonce et

Ci-contre.
Plan de masse du MS 230 tracé par R. de Narbonne au 1/50 et réduit ensuite par Heller au 1/72 .

Heller
1/72ème MVSÉE
MORANE 230

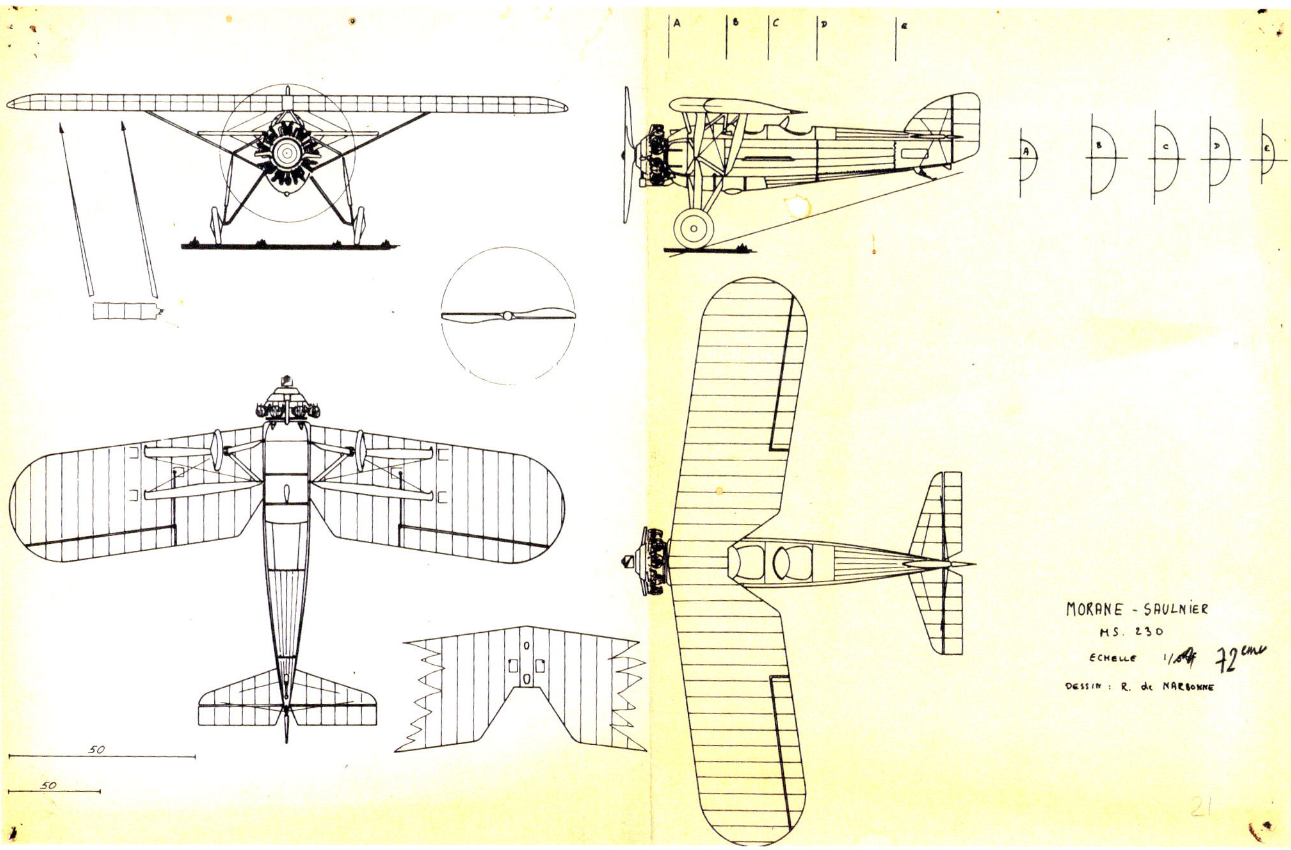
A
B
C
D
E
50
50
MORANE - SAULNIER
MS. 230
ECHELLE 1/72ème
DESSIN : R. de NARBONNE
21

Le Morane 225 dans son boîtage « Musée » de 1972.

pratique assez peu fréquentes en France qui souligne l'intérêt porté alors à cette gamme! La sortie du duo de Morane fera s'exclamer au *Camouflage Air Journal* (vol 6 n°2: Mars avril 1972) *« on n'y croyait plus, mais c'est pourtant arrivé. Dernière Minute: Heller vient de sortir les Morane Saulnier 225 et 230 qui à première vue semblent formidables »*. Probablement des tirages de tête (« tests shots ») car dans les publicités de « la Maison du Jouet » pas de nouveautés Heller en avril, ni en mai et ce n'est qu'en juin que les deux modèles seront proposés à la vente au prix de 6,50 F. Le Potez 540 apparut en juillet. Ce modèle trouve son origine chez Claude Picard qui alors ne travaillait pourtant pas encore chez Heller, mais était déjà un maquettiste convaincu: *« comme je travaillais à côté, je passais souvent chez Heller. Les gens du bureau d'étude étaient devenus des amis et j'avais monté les Jaguar et Mirage au 1/50 pour le bureau de Léo Jahiel. Je voulais un Potez 540 au 1/48 en scratch. J'avais été chez Potez alors encore à Paris et j'avais récupéré des magazines internes de l'entreprise des années trente-quarante dans lesquels il y avait beaucoup de choses sur le 540, y compris des vues du tableau de bord et de la structure interne. J'avais fait un plan au 1/48 que j'ai passé à De Lespinay qui l'a retravaillé. C'est à partir de çà que Heller a fait sa maquette »*. Le chroniqueur maquettiste de *Air Enthusiast* (novembre 1972) présenta ainsi son analyse du Potez 540 et du duo de Morane *« Il y a bien longtemps Heller annonça un certain nombre de kits qui ne se matérialisèrent jamais. En effet, le flux de ce fabriquant assez prolifique s'était virtuellement tari - peut-être la force de vente de Heller avait-elle conclu que le marché ne pouvait absorber autant de kits nouveaux en une si courte période- mais deux de ces produits attendus depuis longtemps le Morane MS 230 et le Potez 540 sont enfin apparus et avec eux un MS 225 en prime. Çà valait le coup de les attendre. »* Le Potez sera bien perçu par la presse. *Scale Modeler* de juin 1973 soulignait par exemple *« en règle générale la silhouette de la maquette est plutôt fidèle et l'assemblage bon. Toutefois l'alignement correct de la configuration inusuelle de l'appareil, comme ses moteurs suspendus sera la clé de la réussite de ce modèle »*. Comme souvent c'est la qualité des décalques que critiqua le magazine américain *« les décalques de ce kits, comme la plupart des décalques Heller sont du genre épais et il vaudrait mieux leur substituer des remplacements de meilleure qualité »*. *« L'Album du Fanatique de l'Aviation »* fut, comme souvent plus critique « Constant Scale » déclarant en mai 1973 à propos du Morane Saulnier 225 *« La maquette au 1/72 de cet avion produite par Heller, nous a déçus par ses formes empâtées et disproportionnées »* et « Morziff von Poliester » donnant un vision en demi-teinte du Potez 540 dans une analyse tardive de juin 1977 *« comme pour toutes les maquettes de la série Musée, Heller nous offre un moulage très fin, une prolifération de détails et des cristals très clairs. Certes, la préci-*

sion dans l'erreur est toujours présente mais c'est une habitude que nous avons constatée depuis longtemps chez pratiquement tous les fabricants de pointe ! »

Mais visiblement la gamme Musée n'était plus d'actualité chez Heller. Quand Jacques et Jean-Noël Larrieu visitèrent l'usine Heller de Trun au premier semestre 1972 pour le magazine *Maquettes Plastiques Magazine* (l'article parut en juillet mais les auteurs indiquèrent que *« le Morane 225, nous ne l'avons jamais vu »* alors qu'il aurait du être en production si la visite avait eu lieu le mois directement précédent) on ne leur montra que des moules de motos et de voitures ! Il faut dire qu'avec le développement des gammes de voitures de course, de « motos sauvages », le début de la réflexion sur les blindés, sur la Kriegsmarine et l'intégration de Jouef au sein du Groupe *« Le Jouet Français »* qui se passe mal, Léo Jahiel, qui plus que jamais à cette époque était l'âme de Heller et avait donné l'impulsion d'origine à la gamme Musée, avait bien d'autres sujets de préoccupation !

En décembre 1973 *Maquettes Plastiques Magazine* annonça la création de la marque Iruda dont la première réalisation fut un VG33 au 1/72. Un Caudron Simoun et un hydravion Loire 130 étaient aussi annoncés. Il s'agissait de maquettes en thermoformé et au vu de la distribution (limitée à 3 boutiques parisiennes) la production devait être très localisée… et très limitée. *« Nous aurons l'occasion d'y revenir »* annonçait l'entrefilet… Et non ! Cette tentative de continuer la gamme Heller de manière artisanale fut donc sans lendemain.

D'ailleurs quelques mois plus tard le même magazine proposait, sous la plume d'Olivier Canon, la réalisation d'un VG33 en « scratch » intégral (Fiat G55 Frog + Fw189 Airfix + Arado Ar234 Lindberg + Heinkel He100 Lindberg + MS 406 Heller !!!)

En mai 1974 les éditions Rossel publièrent un fascicule cosigné de Gaston Botquin et Gill van Dessel (le célèbre Mister Kit) sur le thème de l'Aviation Française 1939-1940. Ce fascicule proposait à la fois de la documentation historique (photos, profils) et des montages de la gamme Heller (MS 406, Bloch 152, D520, CR714 C1, MS230, Potez 63, Breguet 693, Amiot 143, ANF 117 R2B2, LeO45, MB174, Potez 63-11, MB210, Potez 540 plus le Curtiss H75 pour lequel le fascicule ne fit aucun choix entre les 4 kits disponibles).

Cette énumération a au moins le mérite de mettre en évidence que, même en y ajoutant les déclinaisons LeO451 et MS 225, le chiffre de 20 modèles annoncé dans *His-Air-Dec* ne peut être atteint qu'en ajoutant aux 17 modèles initiaux (et les seuls à porter réellement le logo « Musée » sur leurs boites) les 5 modèles d'avions français produits dans la gamme « échelle 1/72 ». A noter que *Maquettes Plastiques Magazine* continuera à évoquer la *« série Heller Musée » jusqu'en 1977, bien après que la série ne soit devenue « Heller échelle 1/72 ».* En effet pour Heller la série « Musée » s'est bel et bien achevée en 1972 avec l'introduction des premiers sujets étrangers (Spitfire mk1, Ju 87B, Bf 109 F, A6M5) qui semblent d'ailleurs avoir été basés, au niveau recherches préparatoires, sur les maquettes au 1/32 de Revell !

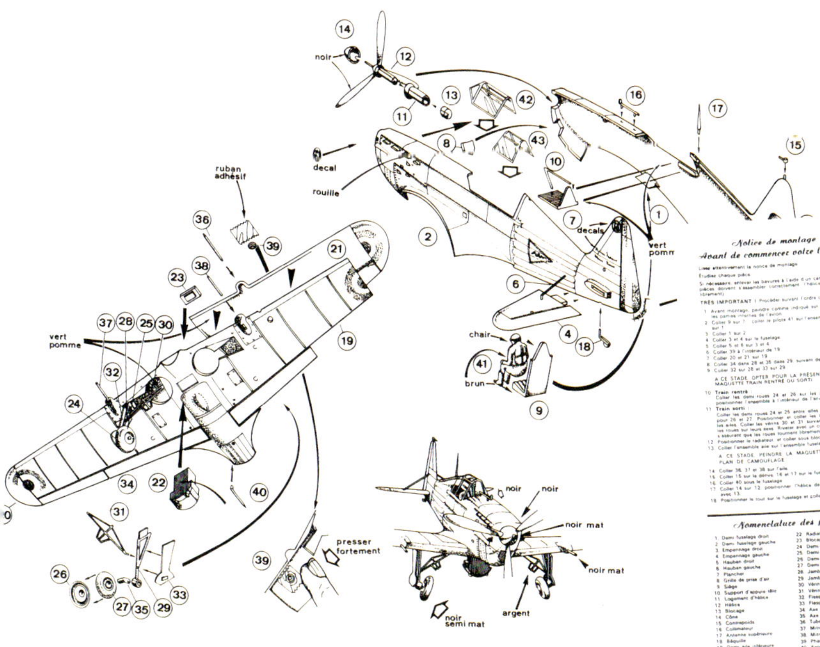

La notice de montage du MS 406 : l'illustration originale et le résultat final après la mise en page.

Heller

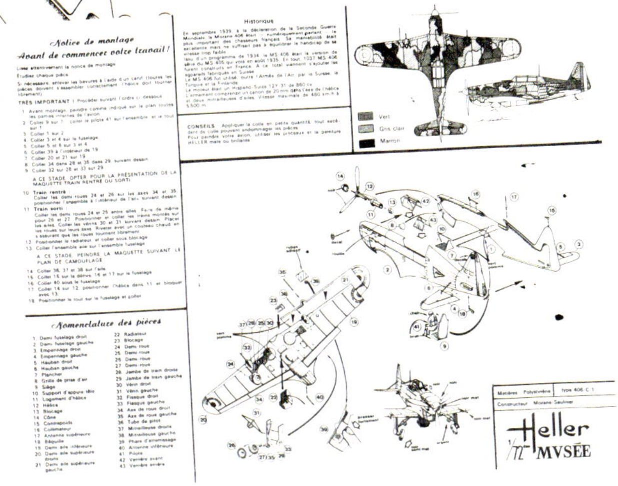

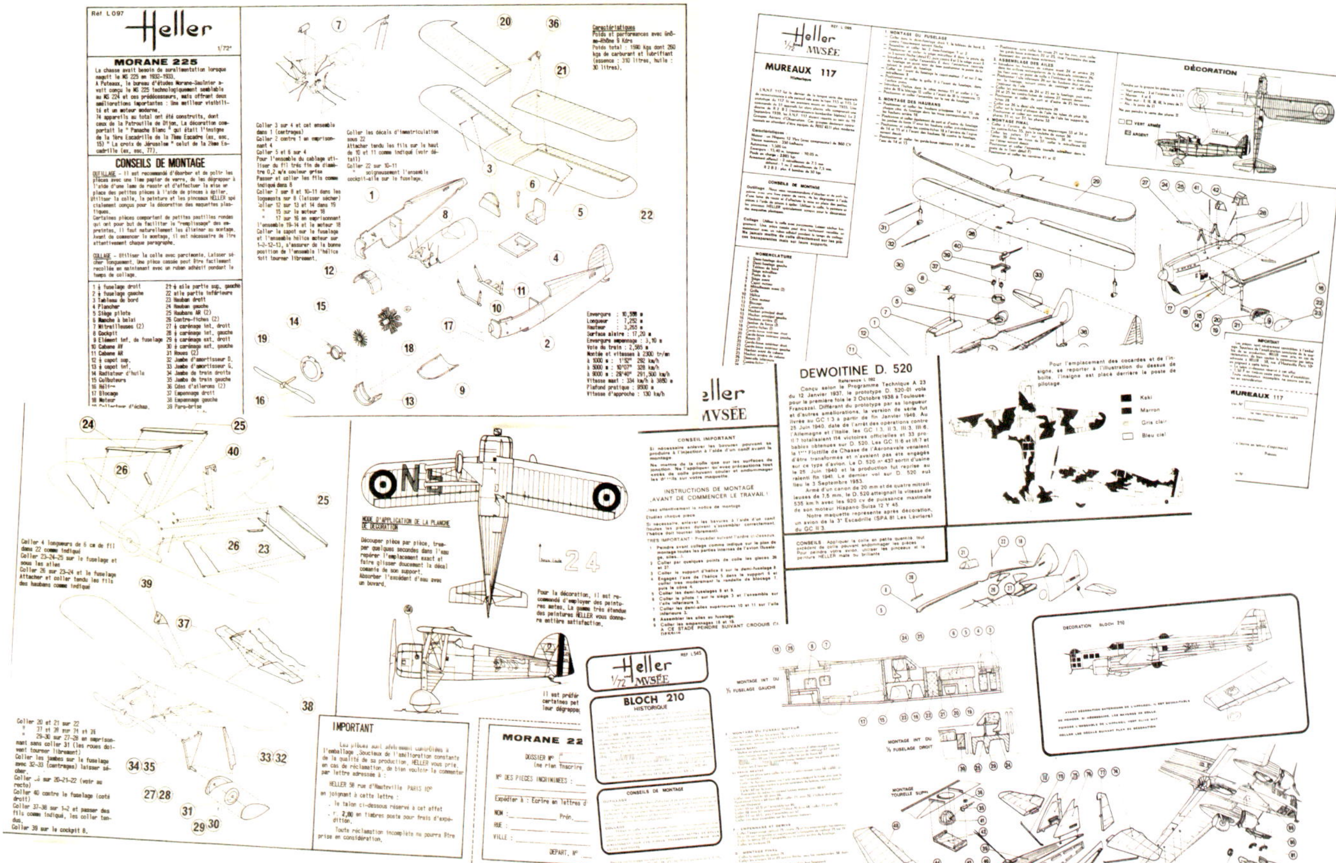

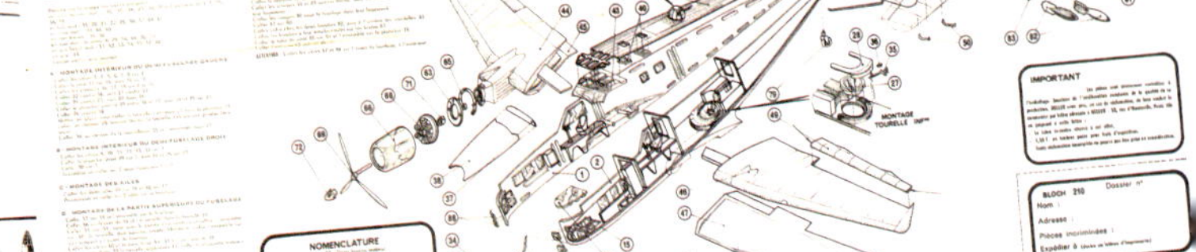

Quelques exemples de notices Heller : on note au moins trois styles différents : le style un peu brouillon organisé autour d'une unique vue éclatée pour les premières boites (D520) , les notices à encadrements arrondis avec vues de détails (Leo 45, Bloch 210, Potez 63-11) , les notices en plusieurs étapes (MS 225, Mureaux 117). Notez que seul le MS 225 a droit à un schéma de peinture d'une bonne taille.

LES AUTRES AVIONS DE 1940 SIGNÉS HELLER

La dernière vague...

Les derniers modèles qui peuvent être rattaché à la période qui nous intéresse furent un D500/501 en 1977, et en 1978 un D510 (annoncé dès mars par « la Maison du Jouet » mais sorti au mois de mai selon le *« Fanatique de l'Aviation »*) et un Caudron Simoun (sorti en juillet), et finalement un Nieuport Delage NiD 622 en 1979 et un SBC Helldiver en 1980. Ces modèles furent choisis et étudiés par Philippe Jourdan qui était aussi à l'époque un membre actif de IPMS France et était donc à même de deviner les sensibilités du marché… du moins celui des « moustachus ». Cela lui permit ainsi de faire passer la série des D500/501/510 pour lesquels il avait un attachement particulier et qu'il a depuis d'ailleurs réalisé au 1/48 sous sa marque Hi-Tech (en partenariat avec Fonderie Miniature qui réalise les injections et commercialise des variantes sous sa marque propre). *« Le D 510, comme le Bearcat, font partie de mon Musée Imaginaire* [de l'Aviation] » confiait Ph. Jourdan à l'auteur. Dix ans après les débuts de la gamme Musée, la recherche de documentation est toujours aussi difficile : *« les fabricants n'ont plus d'archives. Pour le D510 j'avais un bon article d'une revue… italienne, des plans côtés issus du Musée de l'Air et la notice technique découverte au SHAA »* raconte Ph. Jourdan. La sortie de ces kits fut une nouvelle fois bien perçue par la presse. *Maquettes Plastiques Magazine* n° 69 février 1977 annonçait ainsi les nouveautés de 1977 *«…Quelques inédits… Dont (enfin!) un avion français* [le D500] *utilisé, modestement il est vrai durant la Deuxième Guerre mondiale »*. Et à la sortie effective du kit (numéro de juillet/août 1977) le magazine le pré-

Les Dewoitine 501 et 510. Premiers avions qui ne seront pas siglés « Musée ».

Deuxième édition du 510 en « boîte noire ».

Boîtes noires de la fin des années soixante-dix. L'illustration de Paul Lengellé a été retouchée par un inconnu pour effacer toutes traces de violence. Ces LeO 45, Breguet 693 et Mureaux 117 sont à comparer avec ceux des pages 19, 22 et 26.

senta ainsi: *« au 1/72, une nouvelle maquette d'avion, il est bon de le souligner, il s'agit d'un avion français: le Dewoitine 501.* […] *les 45 pièces de ce D501 sont très finement moulées et par un choix de pièces il est possible de réaliser soit un D 500 soit un D501. »* Quant au D510 *« il est évident qu'Heller a acquis une certaine expérience en ce qui concerne les avions au 1/72. Aussi ne nous semble-t-il pas utile d'entrer dans les détails élogieux »* rapporta *MPM* n° 81 de mars 1978. Le même magazine qui avait souvent critiqué les choix trop militaristes des fabricants de maquettes ne pouvait qu'applaudir la sortie du Caudron Simoun (que Philippe Jourdan surnommait *« Caudron Mimoun »* en référence au champion de course des années soixante) dans son n° 85 juillet août 1978 *« [ce kit] sera certainement le bienvenu dans de nombreuses collections et nous ne pouvons que féliciter Heller pour ce choix ».* Chroniquant ce modèle près d'un an après dans le numéro de mars 1979 du *« Fanatique de l'Aviation »*, « Morziff von Poliester » (pseudonyme de Daniel et Robert Calegari) fit part d'espoirs qui devaient être en fait déçus *« avec la parution du Caudron C.635 Simoun, nous nous plaisons à espérer qu'Heller, après une longue éclipse veuille renouer avec une des collections les plus originales que fut la « série Musée ».* Espoirs hélas sans suite car il n'y eut aucune suite. D'autres appareils comme le Léo C30, le Loire 46 ou le Laté 298 ne furent pas retenus par les comités-produit. *« Le comité produit se basait uniquement sur la rentabilité du produit envisagé. Parfois Ph. Jourdan venait me voir avec une étude de rentabilité pour essayer de faire passer un projet mais çà ne marchait pas toujours »* précise Ph. Goulard, qui à l'époque (début des années quatre-vingt), supervisait les comités-produit. Toutefois globalement pour la « série Z » (c'est à dire les monomoteurs au 1/72) « on [lui] faisait confiance ». Quant au Laté 298 il fut rejeté parce que *« les hydravions, c'est comme les hélicoptères, çà ne se vend pas ».* Cette assertion explique donc aussi l'abandon du LéO C30!

Les illustrations de couverture furent réalisées par Francis Bergèse qui venait l'année précédente d'être recruté spécifiquement pour illustrer les boites aéronautiques. En effet on avait fait remarquer à M. Jahiel que *« toutes les boites se ressemblent, on dirait que vous faites toujours le même avion ».* Aussi un nouvel artiste était recherché dont le style se démarquerait de celui de P. Lengellé qui continuait de faire la Marine. En fait deux nouveaux artistes furent recrutés: Bergèse et Olivereau mais seul Bergèse a contribué des boxarts « 1940 ». Heller s'étant à l'époque fait « accrocher » par la presse pour illustrer sur ses boxarts des éléments qui n'étaient pas dans les boites, consigne fut donc donnée à Francis Bergèse d'ajouter des reflets sur les cockpits pour éviter de montrer les pilotes absents des boites. Ce que confirma à l'auteur Francis Bergèse *« A l'époque les associations de consommateurs étaient très sévères et par exemple j'avais pour consigne de mettre des reflets sur les cockpits puisqu'il n'y avait pas de pilote dans la maquette »* Francis Bergèse a ensuite repris tous les boîtages à partir de 1978 sauf le D500/501, le Mureaux 117, le Bloch 210 (pour lequel P. Lengellé avait réalisé une deuxième illustration dans un ciel nocturne battu par les projecteurs), le LéO 45, le Bréguet 693 et le Potez 63-11. *« Ce fut une bonne période de mon existence car je travaillais la nuit pour aller voler le jour puisque je travaillais chez moi à la Ferté-Allais. Je faisais ce que Philippe Jourdan me demandait. »* Pour travailler F. Bergèse utilisait sa propre documentation ou ce que lui passait le documentaliste maison Philippe Jourdan *« Je n'ai jamais eu officiellement la moin-*

Boîtage original signé Bergèse du Caudron Simoun.

Illustrations de Francis Bergèse pour les éditions de 1978, remplaçant les travaux originaux de Paul Lengellé. Remarquez que par souci de ne pas induire en erreur le consommateur, comme chaque boite ne contient qu'une seule maquette, il n'y a plus qu'un seul avion sur l'illustration.

dre boite de maquette, la maison était tellement radine ». Gabriel Audren qui fut durant l'époque Jahiel le patron du bureau d'études Heller souligna l'importance du rôle de Philippe Jourdan *« La venue de Philippe Jourdan modifia le « système D » de la documentation. Son rôle était plus difficile qu'on ne le croit: dans la fabrication d'un modèle le choix et la documentation sont les premiers éléments. La doc' doit être suffisamment explicite pour que le concepteur puisse intervenir. L'étude est l'élément essentiel: il faut être à même de concevoir des pièces attractives pour le client mais réalisables pour l'outilleur, il s'agit d'un travail d'exécution très important dont le résultat est la production de pièces conformes à l'étude ».*

Ces commentaires pour généraux qu'ils soient soulignent *a posteriori* les difficultés que furent celles de l'équipe Heller pour la constitution de la gamme Musée, et en particulier la constitution des dossiers d'étude. A noter toutefois que les illustrations de Paul Lengellé qui étaient encore utilisées à cette époque se trouvaient par contre modifiées: le Léo 45 se voyait expurgé des bombes et des appareils d'arrière-plan (mais pas des traçantes), le Bréguet 693 perdait son convoi de la Wehrmacht et les deux Bréguets d'arrière-plan et le Mureaux 117, initialement l'objet d'un féroce combat entre Me 109 E et Morane 406 se retrouvait tout seul dans un ciel plus serein… Comme il se doit personne, parmi les nombreuses personnes de chez Heller interviewées par l'auteur n'a revendiqué ce travail de censure.

Durant les années soixante on commençait à entendre des histoires d'enfants qui « s'envoyaient en l'air en sniffant la colle » contenue dans les maquettes, aussi des expériences de maquettes à assembler sans colle furent-elles menées. Selon les souvenirs de certains anciens un Amiot 143 aurait été ainsi bidouillé pour servir de prototype « snap ». Mais rien n'abouti avant le départ de M. Jahiel et la faillite du Jouet Français car le concept, baptisé « Clic-Clac » avait un impact négatif sur le réalisme du modèle. En pratique à part les « maquettes à jouer » « Clic-Clac » Heller n'a jamais produit de maquettes en version à en cliqueter. En 2001 Francis Reiser du bureau d'étude l'expliqua ainsi à l'auteur *« Nous n'avons pas fait de snap parce que les tests consommateurs que nous avons réalisés prouvent que les enfants européens — ou au moins français — n'aiment pas le snap. Ils ont vu leurs parents ou leurs grands frères monter des maquettes et ils considèrent que c'est un loisir adulte. Ils ne veulent pas d'un produit prédigéré. Pour eux une maquette çà doit impliquer de coller et de peindre parce que c'est ainsi que pratiquent les « vrais » maquettistes. Tout ce que demandent les jeunes maquettistes c'est de « ne pas se prendre la tête » sur leur maquette*

Heller n'a plus produit de kit d'avions anciens depuis cette date préférant

LE TRAVAIL DE SERGE JAMOIS

Serge Jamois présentait deux ou trois esquisses crayonnées à *Heller* « Rough », *Heller* pouvait demander une esquisse mise en couleurs rapidement afin illustrer le catalogue avant l'illustration définitive utilisée pour la boite.

DEWOITINE D 510

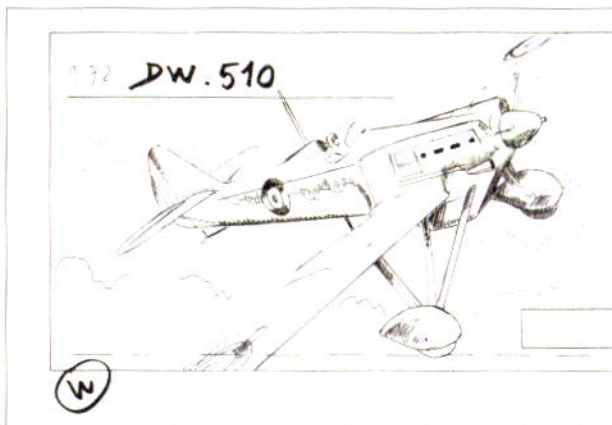
DW. 510

1.72 CAUDRON C 714

Les bimoteurs de l'avaiation française dans leur livrée 1986.
Les photos de maquettes montées ont remplacé les illustrations.

Les années quatre vingt dix, un nouvel illustrateur, Bruno Pautigny, et le retour des vraies illustrations de guerre.

se consacrer aux matériels actuels. Ceci peut s'expliquer. Il est possible que ce succès mitigé soit dû au prix de ces modèles que dès l'origine les amateurs trouvaient trop élevé: IPMS Journal 1966 (analyse du Bloch 152 déjà citée) « *quelque peu cher, environ 8/6 d en France* », *Flying review* 1968 analyse du Bloch 174 « *prix anglais de 15s 11 d très cher en effet* », IPMS UK Magazine 1967 (toujours à propos du Bloch 174) « *très cher pour sa taille* », IPMS branche française 1967 à propos du Bloch 210 « *original: le fuselage en quatre parties. Très original: le prix: 24 FF* », Journal IPMS France 1972 à propos des LeO 45/451 « *une seule chose criticable: le prix* » un avis qui fait écho à celui de Matthews dans la Flying Review lors de la commercialisation du premier LeO « *le prix est de 27 NF en France ce qui est en effet très cher* »....Quand au Camouflage Air Journal toujours très contestataire en 1968 il considère à propos du prix de 7, 50 FF demandé pour le Mureaux 117 ou le Caudron 714 que « *il y a de l'abus chez Heller* »...

Il est permis de penser que lorsque Heller a bouclé sa gamme initiale, les avions connus (et donc vendeurs) ont aussi été bouclés. Voici par exemple ce que remontait à Léo Jahiel l'un des VRP, Claude Picard, en 1977: « *les monomoteurs au 1/72 se vendent mal et il serait plus rentable de passer au 1/48* ». Il précisa sa pensée l'année suivante en 1978: « *les modèles peu connus des profanes* [...] *ici encore et surtout les collectionneurs* (dont je fais partie) *ne sont pas ceux qui font vivre Heller.* [...] *la demande va aux avions de 1914-1918, de 1920-1925 Grands Raids et surtout de 1940-1945: Dakota, Lancaster, Halifax, Privateer, Douglas DC4, avions allemands* »...

Comme on le constate aucun avion français dans cette énumération! Par contre dans le même courrier il est mentionné « *Avions au 1/48: je pense que les avions français de 1940 devraient être bien accueillis par le public: en particulier: Morane 406, Bloch 152, Dewoitine 520, Potez 63, Leo 45 ainsi que des modèles de l'entre deux guerres: Potez 25, Morane 225, D.500* ». Deux ans plus tard, en 1980 le même représentant réitéra « *Aviation 1/48: Morane 406, Dewoitine 520* ». Cette tentation du 1/48 avait en fait débuté quelques années auparavant: C.J. Ehrengardt en octobre 1972 avait ainsi conclu son analyse du MS 225 « *Il nous reste maintenant à souhaiter que la maison Heller continue à nous approvisionner en maquettes françaises, car il en reste encore beaucoup à réaliser. Et pourquoi pas, que le 1/48 fasse maintenant apparition dans cette série. Amis maquettistes que penseriez-vous d'un D520 à cette échelle? Nous sommes persuadés qu'Heller fera grand cas de vos suggestions* » Alors une série « Musée 1/48 » une occasion ratée pour Heller? Certains le pensent et le succès actuel des produits Azur/MPM semble prouver qu'il y a effectivement une place pour des avions « de 40 » à grande échelle. Mais ce qui est vrai aujourd'hui l'était-il en 1980? Rien n'est moins sur car à l'époque déjà on voyait toutes les marques abandonner leurs productions historiques pour se lancer dans la réalisation de modèles « d'actualité » F14, F15, F16, Mig etc....

La commercialisation du SBC4 Helldiver en 1980 fut bien perçue « il n'y a aucun commentaire à faire sur la qualité du moulage qui est excellent. [En ce qui concerne les dimensions], la maquette Heller est parfaitement juste, bien que les indications portées sur la notice soient fausses (paradoxal?) » déclara Alain Pelletier dans *Maquettes Plastiques Magazine* n° 113. Mais « *la deuxième décoration [qui] concerne un Helldiver de l'Armée de l'Air française* [...est] *bien terne, d'autant plus que ces avions ne volèrent pratiquement pas.* » Et l'article se focalisa sur des décorations américaines... Alors? Saturation des maquettistes?

DISPERSION DE LA SÉRIE

Les premiers seront les derniers

A l'instigation de Borden, le propriétaire d'Heller à l'époque, une large part des moules « Musée » fut revendue en plusieurs lots entre 1984 et 1986 (période de vaches maigres pour Heller) à la firme tchèque UNICOOP (qui commercialise ses modèles sous le nom de *SMER* ce qui signifie « direction » en Tchèque).

Lors des Foires de Nuremberg, les premiers contacts avaient été établis avec les firmes tchèques. En effet les Tchèques étaient désireux d'importer le kit Heller du Spad VII qui avait été le premier avion d'armes tchécoslovaque. De nombreux kits Heller furent ainsi importés par UNICOOP pour distribution dans les magasins d'état. Cependant les Tchèques souhaitaient aussi acquérir des moules afin de produire sur place en toute indépendance (les pays de l'Est avaient un gros problème de devises pour leurs achat « à l'Ouest »). Dans le cadre de ces négociations, la Responsable Export Est, Mlle Jacqueline Bêche, fut amenée à se rendre plusieurs fois à Prague et aux usines SMER où elle était alors accueillie par MM Landa, Maly et Kocurek (Monsieur « Lechat » en Tchèque) de *Unicoop* de M. Dolezal, le Directeur de SMER. « *Il y avait souvent un interprète, M. Landa, qui lui s'exprimait en Anglais en y mêlant des mots d'Allemand ou de Français, mais bien sûr nous nous comprenions très bien* ». Les coutumes locales demandaient par contre parfois une certaine habitude raconta Mlle Bêche à l'auteur en 2001 « *Je me souviens toujours de ma première visite à l'usine SMER, dans la banlieue de Prague où je fus accueillie très chaleureusement… Avec un verre d'eau de vie, offert à 10 heures du matin! Moi qui prend rarement de l'alcool, je dus l'absorber sans faire la grimace pour ne pas froisser mes hôtes* ».

Une délégation de SMER vint en France en mai 1984 pour signer le contrat. Le 18 mai *Ouest-France* rapporta que « *après plus de dix ans de coopération, la division Heller du groupe Borden France recevait, mardi*[13], *dans ses usines de Trun puis à la Ferté-Macé une délégation de responsables des sociétés tchécoslovaques Unicoop et Smer. Une semaine en France pour ses fidèles clients qui clôturaient ce séjour par la signature d'un contrat de nouvelles commandes au siège administratif et commercial de la division Heller à Paris.* […] *Aujourd'hui le contrat signé verra les clients de l'Est importer des moules de voiliers et d'avions* ». On note com-

13. Donc le 15 mai 1984.

Ci-dessus, de gauche à droite.
J. Beche et L. Brisaud, entourés par l'équipe Smer à Prague dans les locaux et devant les bureaux de l'usine.

Ci-contre
Les mêmes, au Musée de l'Air tchécoslovaque devant un Spad similaire à celui reproduit par la maquette Heller au début des années soixante.

Ci-contre.
La délégation de Smer en France pose devant l'usine de Trun en 1984.

ment le reportage de *Ouest-France* cache la vérité: il s'agit bien de vente aux Tchèques d'une partie des actifs opérationnels d'Heller, pas d'un simple accord commercial!

Les premiers moules exportés furent ceux des D 500/501 et 510 (un seul moule) qui quittèrent l'usine, dix jours plus tard, le 28 mai 1984. Le Dewoitine 520, le Curtiss H75, le Bloch MB 152 et les Morane Saulnier MS225/MS230 (un seul moule) partirent pour Prague le 6 décembre 1984. Un an plus tard, la veille de Noël 1985 ce fut le moule du Léo (sic) 451/45 qui quitta la France. Les derniers furent les Amiot 143, Breguet 693 et Potez 540 qui prirent le chemin de Petrovice en Tchécoslovaquie le 29 décembre 1986. En mars 1986, une étude avait été menée sur les outillages *« sortis de la Collection » et « dont l'état des moules ne nécessitait pas, a priori, de retouches pour l'obtention d'injections correctes »*: seuls deux références avions « de 1940 » étaient cités: 213 le Morane 406, et 224 le Nieuport 622 ce qui suggère que les tchèques achetèrent des outillages qui devaient être retouchés. Bien entendu à l'époque les devises des pays de l'Est étaient encore non convertibles. Un organisme national se chargeait donc de transformer un troc de matières premières en devises et c'est ainsi que les moules Heller furent payés en authentiques… patates!

La production SMER

Les premiers moules de pedigree Heller exploités par SMER furent le Spad VII 1/40 (devenu 1/48 par la magie du marketing) et le Piper Cub en 1984 qui s'intégraient ainsi au catalogue de la firme tchèque, alors constitué uniquement de modèles au 1/48~1/50 (pour les avions) provenant de moules Artiplast. Ces moules Artiplast étaient d'ailleurs pour partie des modèles d'origine Merit qui s'étaient retrouvés en Italie lorsque la firme britannique avait arrêté la production de maquettes. Si l'on ajoute à cela que Merit avaient en partie copié des modèles Aurora on constate que la gamme SMER antérieure à l'accord avec Heller avait déjà une histoire intéressante!

Les moules des avions au 1/72 ne furent ajoutés au catalogue que l'année suivante. La société tchèque SMER remit en production les moules acquis auprès de Heller, sous différents boîtages parfois avec des décalques plus appropriés aux marchés d'Europe centrale (D520: Bulgarie, MS406: Turquie, MS230: Tchécoslovaquie, Caudron 714: Finlande; Potez 540: Espagne républicaine; Bloch 210: Roumanie). Notez toutefois que SMER s'est tenu à l'écart des décorations « Luftwaffe » ou « Regia Aeronautica » qui auraient pu choquer quelques sensibilités. Ce que l'on peut

Quelques productions étrangères dont la maquette Hasegawa du Bloch 152. Notez le logo Smer dans le coin supérieur droit de la boîte.

Le boitage BUM : une mauvaise photocopie de l'illustration SMER… et imprimée à l'envers !

Les reprises HELLER depuis 1985

Avant de revendre ces modèles Heller avait toutefois refait un tirage de certains d'entre eux, ce qui permit de les rééditer dans les années qui suivirent. Il ne faudrait pas croire par contre que ces rééditions ne *« coûtent rien »*. Certes le prix de la matière première est faible : 3,68 FF de l'époque pour un Potez 63-11 vendu entre 55 et 60 FF en 1986. Mais il faut aussi compter avec la conception de la boîte (16 500 FF pour le Potez) mais également les frais d'usine voir de remise en état du moule (seulement 1400 FF pour ce Potez mais 28 000 FF pour le Bréguet 693 réédité l'année suivante). Ceci a naturellement eu une incidence sur le nombre de modèles produits : par exemple ici, pour deux kits de même taille il fallait prévoir seulement 5000 Potez 63-11 pour rentabiliser l'opération contre plus de 10000 Bréguet. C'est le

outefois regretter c'est que en créant en 1996 sa gamme Hi-Tech avec pièces en résine et photodécoupe SMER n'a pas cru bon de mettre à niveau aucun de ces modèles. SMER a lui-même proposé ces modèles à divers « reboiteurs ». En 1992 plusieurs kits de pedigree Heller réapparurent ainsi sous le label Intech : le Bloch MB152, le Br 693. Il y voisinait bizarrement avec e Dewoitine D520 et le Morane Saulnier MS 406 de pedigree Frog (via Novo?) On citera aussi l'espagnol Barcelona Universal Models alias *BUM* (!!) [14] qui a ainsi reboîté en 1999 le Nieuport Delage, le Morane 230 et le Dewoitine D500/501 en avions de *« la guerra civil espanola »*…

Fin 2000, un accord de re-boîtage fut passé entre SMER et Hasegawa : trois modèles ont été identifiés dans cette gamme : l'Amiot 143 (le seul dont la référence soit connue : SP228), le Bloch MB152 et le Polikarpov I-153.

14. *BUM signifie « clochard » en anglais !*

Rang	Sujet	CA	Nombre de pièces France	Nombre de pièces export
1 …/..	Foch 1/400	738 KF	9400	200
62	*« Musée »* Amiot 143	186 kF	3600	5400
71	*« Musée »* Leo 451	176 kF	3600	4600
81	*« Musée »* Bloch 174	158 kF	3500	5000
87	*« Musée »* Bloch 210	152 kF	3000	4000
94	*« Musée »* Potez 540	147 kF	3000	3500
114	*« Musée »* Potez 63.11	129 kF	3000	3500
267	Morane 225	61 kF	4500	300
292	Morane 230	52, 5 kF	3900	300
371	Morane 406	6,20 kF	880	0
403	Caudron 714	1,50 kF	230	0
420	Caudron 635	1 kF	144	0
470	Dewoitine D.501	0	-1	0

Extrait du palmarès réalisé en interne chez Heller en 1986.
Le Foch au 1/400 est donné à titre de référence.

genre de « détail » qui peut influencer la disponibilité d'un produit. En 1986 Le programme de réédition incluait le « Liore et Olivier » (LeO 45), l'Amiot 143, le Bloch 174, le Potez 540, le Potez 63-11 et le Bloch 210. Ce programme se caractérisait (outre le fait d'utiliser des moules alors partis en République Tchèque) par des boites très colorées illustrées d'une photo de maquette montée (fort correctement d'ailleurs et même avec un soupçon de patine réaliste) et qui pour cela, malgré leur aspect manifestement très étudié *(« une boite nouvelle et adaptée aux caractères historiques et authentiques de la série »* rappelait le catalogue professionnel), furent peu appréciées des maquettistes. Il est à noter que ces boites furent les dernières à mentionner expressément la collection « Musée ». Le catalogue professionnel indiquait que les 6 modèles de *« la célèbre série Musée de Heller »* avaient reçu de nouvelles décorations ce qui ne semble pas être le cas. Mais manifestement la connaissance du sujet se perdait: comment expliquer autrement que le MB174 soit orthographié *« BLOCK »* dans le catalogue professionnel?

En 1986 fut réalisé un « palmarès par article au 31 décembre 1986 » très révélateur en terme de ventes respectives des divers types de modèles. Le premier appareil de la série « Musée », l'Amiot 143 venait en… 62e place mais c'était aussi le premier avion *« Seconde Guerre mondiale »* de ce palmarès avec une quantité totale vendue de 9000 pièces (il s'agit de pièces vendues durant l'année). Si l'on rapproche cela des 60000 pièces de la 205 Turbo vendues, cela relativise l'importance de la maquette d'avion, surtout Deuxième Guerre mondiale, en France. Le premier chasseur de ce document est le Spitfire mk1 (89e rang) avec 23000 unités (la différence s'explique parce que le classement est en Chiffre d'Affaire et un Amiot vaut plus cher à l'unité qu'un monomoteur comme le Spitfire). Le premier chasseur français était le… Morane 225 avec 4800 unités dont 4500 en France et 300 à l'export! Voici donc un extrait de ce document ciblant les avions de la campagne de 1940 (tous ces modèles étaient listés comme « stock permanent » dans le tarif 1986):

Le tableau de la page 51 met en évidence deux choses: premièrement l'impact d'une « réédition » par rapport aux modèles déjà en gamme et d'autre part la faiblesse des tirages, déjà à l'époque. C'est en effet à comparer avec les chiffres des années soixante durant lesquelles selon M. Jahiel on en vendait *« pour les 1/72, 15000 dès les deux premier mois »*. Hel-

Illustrations reprises du catalogue SMER

Illustrations reprises du catalogue SMER

Illustrations reprises du catalogue SMER

Les deux variantes principales de boitage SMER : à gauche la version initiale pour le MS 225 et à droite la version années quatre-vingt-dix pour le D520. Il existe une version intermédiaire semblable au style initial mais avec ajout d'un logo SMER.

ler pouvait se consoler en notant toutefois dans son bilan marketing de la situation concurrentielle en novembre 1986 « *en conclusion une année assez « pauvre » sur la plan des nouveautés dans le monde de la maquette* »

La même année pourtant le Caudron C714 était réédité par le polonais Reflex.

En 1987 les Potez 631 et Breguet 693 furent réédités début janvier, conformément au planning tandis que le Caudron C 714 était envisagé comme réédition. Tout cela ne fut guère efficace pour les ventes et l'objectif de chiffre d'affaires attendu de ces deux maquettes s'en ressentit avec 121800 FF de CA France et 47700 FF de CA export, soit les plus faibles chiffres attendus de l'ensemble du programme 1987!

Ainsi lors d'une rencontre entre Heller et les équipes de Humbrol à Hull en Angleterre au début du mois d'avril dont l'objectif était « *l'Analyse de la situation sur le marché britannique* » la série 200 (avions 1/72) fut décrite comme « *l'enfant malade de la collection. L'artwork est jugé entièrement dépassé* ». D'ailleurs parmi les « chantiers » définis en début d'année pour le marketing il y avait « *l'animation de cette série MUSEE* ». Pour 1988 (mais devant être associé aux « 30 ans de Heller » ce qui est étrange pour une marque dont le premier kit fut livré le 14 décembre 1957) on étudia l'année précédente un coffret « PAF » (Patrouille de France) qui aurait inclus un Morane 225 de la Patrouille d'Etampes. Il était prévu de vendre 20000 exemplaires de ce coffret, dont 5000 à l'export. En 1988, Le coffret « Patrouille de France » fut en en effet commercialisé… mais sans Morane.

A partir de cette année-là une gamme spéciale fut produite pour les pays scandinaves qui bénéficia de boites « bleues » spécifiques. La décision de production de cette gamme fut prise par l'importateur suédois – à l'origine du projet - le 27 avril 1987. Le MS 406 fut ainsi inclus dans la série distribuée en Finlande (ref. 80370) mais curieusement pas le C714. Il est à noter que la gamme « scandinave » avait en fait vu le jour bien des années auparavant à l'instigation de l'importateur local qui s'était initialement contenté de rajouter des décalques pour redécorer certaines des maquettes qu'il faisait « rentrer ». Ces modèles étaient identifiés par un sticker « *Med svenska dekaler* » (« avec décalques suédois »). Là aussi un seul appareil parmi ceux qui nous intéressent reçut ce traitement: le Caudron Simoun « SE-AIS ». La production en boites « bleues » fut de 5000 exemplaires, les quantités relatives aux productions locales restent inconnues.

En 1990 Heller produisit un coffret cadeau « *Bataille de France* » qui coïncidait avec le cinquantième anniversaire de ces événements. C'était à l'époque un retour aux coffrets cadeaux après le « flop » du coffret « *Chasseurs de France* » édité 30 ans auparavant. Cette boite a été illustrée par Serge Jamois [15] qui témoigne: « *ces coffrets incluaient des avions qui n'auraient jamais du se rencontrer. J'ai essayé de suggérer autre chose comme un Me 110 à la place du Stuka mais non tout cela ne répondait qu'à des considérations de marketing: taille de la boite et niveau de prix. Il n'y avait aucune recherche de logique dans cette boîte* ». Il ne faudrait d'ailleurs pas croire que la vente des moules a mis fin à la gamme chez Heller. En 1992 le D520 et les deux Morane 225 et 230 furent réédités sous boîtages Jamois qui suggéra aussi de nouvelles décorations. En 1993 ce fut le C714 qui revint sur les étagères: « *chasseur français à moteur Renault de 450 CV, il a la particularité de n'avoir été piloté en France que par des pilotes polonais* » souligna le magazine interne « *Heller News* » (à destination des revendeurs). Bizarrement un an auparavant l'artisan polonais Centaur avait jugé bon de produire une copie en résine de ce kit! Le Potez 63-11 et le MB174 furent repris en 1994 et présentées comme des « *maquettes historiques de la gamme* » par *Heller News*, ce qui semble faire référence (discrètement) à la gamme Musée. En 1996, le Simoun, le D510, le Nieuport-Delage, le Bloch 210 furent ainsi réédités toujours sous un boxart de Serge Jamois. Dans ces modèles furent présentés ainsi dans *Heller News*:

- Bloch 210: « *bombardier de nuit de l'armée française, il eut le redoutable privilège d'ouvrir les hostilités lors de la Seconde Guerre mondiale* »

15. Né le 13 mai 1954, Serge Jamois après l'Ecole Supérieure des Arts Décoratifs fut nommé peintre officiel de l'air en 2000

(ce qui passe quand même sous silence la campagne de Pologne!)

- Nieuport Delage NID 622 : « *il fit son apparition en 1930 faisant suite à toute une série de NID depuis 1922 dans l'armée de l'air française. 310 ND 622 furent lancés jusqu'en 1933* »

- Dewoitine 510 : « *de 1936 à 1939, il équipa de nombreuses escadrilles aux 4 coins du monde, du Japon à l'Angleterre en passant par la Chine, l'URSS et l'Espagne Républicaine* » (notons ici que Heller mélange allègrement les appareils utilisés opérationnellement, comme ceux acquis par la Chine, à ceux qui ne furent que des « échantillons » pour divers pays comme l'Angleterre.)

- Mureaux 117 : « *l'ANF 117 fut le dernier des appareils de reconnaissance à aile parasol (1935). En 1939, ils figuraient au sein de 19 Groupes Aériens d'Observation* »

- Caudron Renault C 635 Simoun « *premier avion de tourisme dépassant les... 300 km/h. Il connut un énorme succès et l'honneur d'être piloté par Maryse Bastié, Marcel Doret et Saint-Exupéry* » (pas de mention de son rôle militaire donc!). Serge Jamois a indiqué à l'auteur qu'il aurait bien fait le Simoun en version militaire mais que Heller voulait garder la décoration d'origine et éviter autant que possible d'avoir à refaire de nouvelles décalques « *j'ai proposé les couleurs de Vichy pour le Bloch 210 car c'était coloré et il n'y avait pas grand-chose à changer sur la planche de décalques* »

La même année le Bloch 174A3 eut doit au traitement « Kit » c'est à dire avec colle, peinture et pinceau. La présentation de cet appareil dans *Heller News* ne faisait aucune référence à la campagne de 1940, noyant le sujet en un thème « Seconde Guerre mondiale ». En fait Heller préférait mettre l'accent sur le « package » plutôt que sur l'histoire « *la boite est un véritable coffret, l'accessoirisation est totale, la notice de montage est un véritable livret tout en couleur* ». En 1993 et en 1992 ce fut le tour des MS 225/230 et du D520 En 1994 le Helldiver SBC-4 fut également repris en conservant la décoration d'origine. Seule l'illustration fut renouvelée, celle de cette édition étant due, comme toutes celles de cette époque à M. Jamois. Celui-ci le représenta survolant le porte-aéronef *Béarn* ce qui est à la limite de l'uchronie pour un avion qui fut stocké aussitôt débarqué « *à cette époque certains fabricants lançaient sur le marché des modèles d'avions allemands qui étaient restés à l'état de projet alors du coup je me suis senti autorisé à ce petit accroc avec l'histoire* ». A noter également, toujours en 1993, la petite série de Mureaux 117 (3000 unités) produite pour le label français Aérofile, qui l'a décliné en deux sachets avec pièces de conversion en résine et métal. Cette même année le Caudron 714 reparu au catalogue. Le Mureaux 117 fut lui-même repris dans la gamme Heller. De même que le Bloch MB 210 également en 1993.

En 1994 ce furent les Potez 63 et Bloch MB 174 qui furent réédités. La revue interne de Heller, destinée aux détaillants, Heller News soulignait les différences entre les deux modèles « *si le premier de ces avions de reconnaissance et d'observation est proposé avec une décoration de 1940 et se construit en 84 pièces, le second est beaucoup plus simple et rapide à monter, puisque composé uniquement de 40 pièces. A vous donc d'orienter le client vers telle ou telle maquette selon son niveau de savoir-faire* ». Ce type de commentaire souligne bien qu'Heller ciblait le

L'illustration ayant servi au coffret « Bataille de France », signé Jamois.

Illustration commandée par Heller à Bruno Pautigny. Projet de reboitage d'un D520 (pas forcément au 1/72 vu la taille (A3) de l'illustration).

maquettiste occasionnel plus que le vrai collectionneur. Ces deux avions reçurent une nouvelle illustration de couverture par l'illustrateur Bruno Pautigny. Ce dernier se définit lui-même ainsi : « *J'ai dépassé à ce jour le demi-siècle et exerce ma profession depuis vingt-cinq ans. Contrairement à la plupart des illustrateurs, je ne possède aucune formation artistique. Venant du secteur primaire, et plus précisément de l'exploitation forestière, j'ai appris mon métier seul, le soir après le travail, avec pour toute aide des ouvrages américains consacrés à cette discipline particulière qu'est l'aérographie, et en gâchant au passage, des rames entières de papier et des hectolitres d'encres et de colorants divers avant d'arriver à des résultats corrects. J'ai commencé par œuvrer dans le domaine publicitaire, illustrant tout ce qu'il était possible d'illustrer, sans spécialité aucune, de l'industrie alimentaire à l'automobile, en passant par le domaine médical.*

Ayant exécuté quelques travaux personnels concernant l'aviation, je suis entré en contact avec la société Heller tout simplement en leur envoyant mon maigre dossier, et Heller se montra très réactive. Je travaille de façon traditionnelle, à l'aérographe et au pinceau, le pistolet entrant à 90 % dans la composition de l'illustration. La documentation photographique demeure la base du travail et la méthode de construction la plus rapide consiste à s'inspirer d'un cliché. Pour un angle de vue très particulier, il m'arrive de m'inspirer d'un modèle en trois dimensions, une maquette, et d'en tirer quelques photographies sous différents angles dûment déterminés. Si cette méthode est la plus intéressante, elle est aussi la plus longue à élaborer. Il faut assembler une maquette, qui même montée de façon grossière, demandera du temps ; prendre ensuite des photographies dont l'inspiration ne donnera qu'une vague ébauche ; il faut enfin peaufiner le tracé définitif à l'aide de documents divers. Un long travail, donc, avant d'appliquer la première touche de peinture. L'illustration originale est, dans la mesure du possible, réalisée suivant un format plus grand que celui de l'édition imprimée, cent cinquante pour cent environ. ».

Son expérience sur les nouvelles illustrations du Potez et du Bloch fut mitigée : « *Concernant la réalisation de la nouvelle boîte du Potez 63-11, j'ai le souvenir d'un travail très agréable et d'un rendu me satisfaisant. En revanche, le Bloch 174 demeure au chapitre des mauvais souvenirs ; délai de travail réduit à la portion congrue et absence d'une bonne documentation, une combinaison idéale pour louper une illustration, et ce fut le cas. L'illustration du Bloch reste pour moi le travail le moins abouti que j'ai pu rendre à Heller. Il est toujours rageant pour un illustrateur d'avoir rendu un mauvais travail à cause d'un délai intenable lié à la mauvaise organisation du demandeur* ».

Ces reprises ont été diversement accueillies par la critique. Voici par exemple ce que déclarait *Réplic* (n° 55 mars 1996 article de François Verdu) à propos du LéO 45 « *…la maquette accuse son âge pour ce qui concerne l'aménagement intérieur dont les détails sont caricaturaux et les pièces transparentes qui sont épaisses et donc… Peu transparentes. Les formes sont bien restituées et on peut mentionner quelques détails de surface très finement moulés en surépaisseur. Une caractéristique que les meilleurs fabricants nous proposent aujourd'hui régulièrement et que nous ne manquons pas d'apprécier Ici nous sommes devant un kit de plus de 20 ans !* ». Ce même avis somme toute laudatif se retrouvait également sous la plume d'Olivier Canon (*Réplic* n° 59 juillet 1996) à propos de la reprise du Mureaux 117 « *à l'époque de sa première sortie la maquette avait déjà fait une fort bonne impression… les formes générales et l'aspect des surfaces sont assez réalistes* ». Les maquettistes ont toujours

Illustration de Bruno Pautigny pour la réédition du Potez 63-11.

été très critiques face à ces rééditions… mais vu du côté de l'industriel ce n'est pas la même chose: au contraire la durabilité de ces moules sont l'une des clés du succès « *au niveau de l'outillage, nous battons vraiment des records de longévité. Et l'une des particularités du secteur est que l'ancienneté n'y a que des bons côtés: quel nouveau venu serait en mesure de concurrencer une collection d'une telle ampleur si largement amortie déjà ?* » déclarait Léo Jahiel à l'hebdomadaire économique *L'Expansion* en décembre 1976… Toutefois on peut penser que l'avenir lui a donné tort, de nouvelles marques comme Azur ou Fonderie Miniature ayant pris le relais de Heller en ce qui concerne le sujet qui nous intéresse aujourd'hui: les avions français des années trente-quarante.

Il est à noter également que malgré des propositions diverses (dont celles de l'auteur!) il n'y eut aucune tentative pour étendre la gamme « France Deuxième Guerre mondiale » par francisation de modèles d'origine Airfix durant toute la période (1986 – 2006) où les deux sociétés travaillèrent ensemble. Les deux seules traces de francisation de produits Airfix qui ont fait surface sont d'une part une note attachée aux « propositions 1988 » intitulée « *modèles Airfix pouvant recevoir une décoration française* » et qui ne liste que des appareils utilisés après la guerre: PBY Catalina, Dakota Gunship (sic), Invader, Lancaster, Short Sunderland, et d'autre part une confidence faite à l'auteur dix ans plus tard sur un essai du moule du SB2-C Helldiver (d'après guerre lui aussi). L'Invader fut probablement celui qui alla le plus loin puisque F. Bergèse en réalisa une illustration en 1980.

Aujourd'hui *Heller* annonce pour 2010 une reprise du Bloch MB174 amélioré avec des inserts en résine et/ou photodécoupe (L'illustration de catalogue est basée sur le boxart de Bruno Pautigny mais il est possible que la boite soit finalement commercialisée avec une illustration revue)

Par cela la société cherche non seulement à hausser ce modèle (déjà d'un bon niveau à l'origine) aux standards actuels du marché, mais cela se place également dans un repositionnement plus général de l'entreprise vers la maquette à la fois haut de gamme et pour maquettistes confirmés.

EN GUISE DE CONCLUSION

La saga de la gamme Heller-Musée est très révélatrice de la transition de Heller entre la maquette plus ou moins jouet comme on la concevait dans les années cinquante à la maquette fidèle qui est aujourd'hui la norme.

Chez certains des fabricants classiques ce fut une évolution graduelle alors que chez d'autres il fallu une révolution. *Heller* est dans ce dernier cas et c'est cette révolution qui lui a permis de se structurer et de se donner ensuite les moyens d'évoluer et de traverser les épreuves que lui a imposé l'évolution chaotique du marché très spécialisé qu'est la maquette.

L'année de production est celle où le kit a été commercialisé, l'étude peut être bien antérieure (voir les MS 225/230 étudiés par M. Trochain (qui quitta Heller à la mi 1967) alors que les kits ne furent commercialisés qu'en 1972 !)

La couleur du plastique était déterminée par l'atelier d'injection. Après un début un peu exotique (peut-être les couleurs étaient-elles attribuées alors en fonction de la couleur dominante supposée du modèle fini ?) elles furent rationalisées et uniformisées en un gris clair standard pour tous les kits aéronautiques.

Le nombre de pièces a été relevé sur les catalogues, ce nombre varie parfois d'un catalogue à l'autre !)

Sauf précision les modèles sont au 1/72.

TYPE D'APPAREIL	RÉF. D'ORIGINE	ANNÉE INITIALE DE COMMERCIALISATION	ETUDE RÉALISÉE PAR	COULEUR DU PLASTIQUE
D 520 1/50	L205	**1964**	BDE extérieur	**Gris**
Potez 63 (1/50 ?)			BDE extérieur	-
Bloch 152	L091	**1966**	Audren	**Turquoise/Gris/Chocolat**
D520	L092	**1966**	Audren	**Gris**
MS 406	L093	**1966**	Trochain	**Gris**
Curtiss H 75	L094	**1966**	Trochain	**Gris**
Mureaux 117	L095	**1967**	Trochain (?)	**Gris**
Caudron 174	L096	**1967**	Trochain	**Gris**
MS 225 (*)	L097	**1972**	Maroutchak	**Gris**
MS 230 (*)	L098	**1972**	Maroutchak	**Gris**
Caudron 635 Simoun	208	**1978**	Goulard	**Gris**
D500 (**)	209	**1977**	Goulard	**Gris**
D 510 (**)	219	**1978**	Goulard	**Gris**
NiD 622	224	**1979**	Goulard	**Vert foncé**
SBC-4	285	**1980**	Goulard	**Gris**
Leo 451 (***)	L389	**1966**	De Lespinay (?)	**Noir**
Amiot 143	L390	**1966**	Audren	**Noir**
Leo 45 (***)	L391	**1967**	De Lespinay	**Noir**
Br 693	L392	**1966**	Trochain	**Gris/chocolat/**
Bloch 174	L393	**1966**	Trochain	**Vert foncé/gris/chocolat**
Potez 631	L394	**1967**	Maroutchak	**Gris**
Potez 540	L395	**1972**	De Lespinay	**Gris** (?)
Potez 63.11	L396	**1967**	Maroutchak	**Gris**
Bloch 210	L545	**1967**	Audren (?)	**Vert olive pale/brun clair**
Amiot 351	L (?)		Trochain	-
Bloch 131	L (?)		Trochain	-
Dewoitine D520 1/32			Trochain	-
Farman 222				-
LN410				-
Leo C30				-
Loire 46				-
VG33				-
« Bataille de France » [1]	80377	**1990**		

(*) /(**)/(***) :Ces maquettes sont issues de moules communs « à tiroirs » où les pièces nécessaires pour l'un ou l'autre modèle sont injectées au choix (par exemple les dérives du Le0 45 ou celles du Le0 451)

1. Coffret

LES MODÈLES HELLER MUSÉE

NOMBRE DE PIÈCES	ARTISTE ILLUSTRATEUR	COMMENTAIRES
40	**Lengellé**	
40	**Lengellé** (repris pour L396)	Non commercialisé. Apparaît dans le catalogue 64
40	**Lengellé** puis **Bergèse**	Inclus un pilote. Réédité par Buzco (USA 1966-68) et Smer, Intech et Hasegawa
29	**Lengellé** puis **Bergèse**, puis **Jamois**	Inclus un pilote Réédité par Buzco (USA 1966-68) et Smer
43	**Lengellé** puis **Bergèse**	Inclus un pilote Réédité par Buzco (USA 1966-68) et Smer
43	**Lengellé** puis **Bergèse**	Inclus un pilote Réédité par Buzco (USA 1966-68) et Smer
52	**Lengellé** (modifié)	Réédité par Buzco (USA 1966-68) et par Aerofile (1993)
30	**Lengellé** puis **Bergèse** puis **Jamois** durant les années quatre-vingt-dix	Réédité par Smer et Intech. Copié en résine par le polonais Centaur
45	**Lengellé** puis **Bergèse**	Annoncé en 1968 réédité par Smer et Bum
44	**Lengellé** puis **Bergèse**	Annoncé en 1967. Réédité par Smer
34	**Bergèse** puis **Jamois**	
45	**Lengellé** puis **Bergèse**	Evoqué dès 1968 ! Réédité par Smer et Bum
44	**Bergèse**	Réédité par Smer
37	**Bergèse** puis **Jamois**	Réédité par Smer et Bum
39	**Bergèse**	
90	**Lengellé** puis **Bergèse**	Réédité par Smer
70	**Lengellé** puis **Bergèse**	Réédité par Buzco (USA 1966-68) et Smer et Hasegawa
90	**Lengellé** (modifié)	Réédité par Buzco (USA 1966-68) et Smer
56	**Lengellé** (modifié)	Réédité par Buzco (USA 1966-68) et Smer
50	**Lengellé** puis **Bergèse** puis **Jamois** (version « Kit ») et **Pautigny**	Réédité par Buzco (USA 1966-68)
60	**Lengellé**puis **Bergèse**	Réédité par Buzco (USA 1966-68) et Smer
80	**Lengellé** puis **Bergèse**	Annoncé en 1968. Réédité par Smer
70	**Lengellé** puis **Pautigny**	Réédité par Buzco (USA 1966-68) et Smer. Les marques d'armistice furent suggérées par M. Trochain
100	**Lengellé** (2 illust. différentes) puis **Jamois**	La référence L545 se situe dans une plage attribuée en théorie [à l'époque] à… la Marine Nationale au 1/400 ! Réédité par Smer
?	**Lengellé**	Non commercialisé. Apparaît dans le catalogue 68
?	**Lengellé**	Non commercialisé. Apparaît dans le catalogue 68
?	-	Comme à l'époque Heller importait Revell et que la série au 1/32 de ce fabricant avait marqué les esprits, M. Trochain milita pendant un temps pour qu'Heller produise un D 520 à cette échelle. Cela resta un rêve, peut-être autant pour des raisons budgétaires que de « complexité ».
?	-	Non commercialisé.
?	-	Non commercialisé.
Approx 40	-	Non commercialisé.
Approx 40	-	Non commercialisé.
?	-	R. De Narbonne avait constitué un dossier sur cet appareil
	Jamois	D520 + Bloch 174 + Ju 87B

LES MAQUETTES BRIFAUT

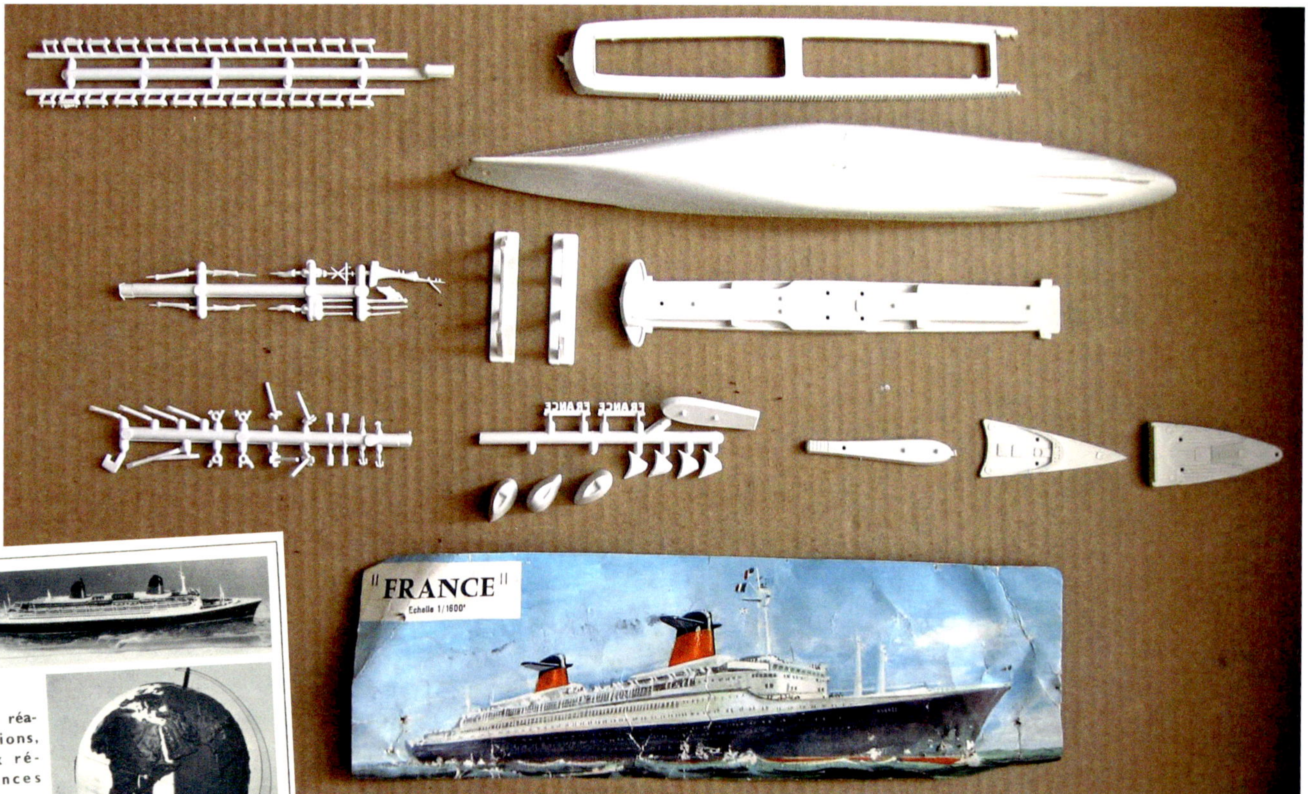

Deux réalisations, deux références

Ci-dessus, la grande maquette du « France ». Elle navigue et l'on peut faire fumer les cheminées. Ci-contre, la Terre avec son système interne lumineux faisant apparaître les jours et les nuits. L'ensemble décrit un tour en 24 h., ces heures étant portées sur le globe, cependant que le système d'inclinaison permet de restituer le déroulement des saisons

Pierre Brifaut était un ancien officier de l'Armée de l'Air reconverti dans la fabrication de maquettes à Oyonnax (à l'époque la ville du jouet plastique). En 1957, Il avait lancé les « *Maquettes d'Avions Français* » (MAF) qui avaient produit deux kits : le SM-B2 et le Leduc 022 avant de disparaître.

Utilisant des moules à tiroir, ces modèles avaient une découpe originale : fuselage, empennages et ailes étaient moulés d'une pièce avec la pointe avant rapportée. Selon *Aviation Magazine « le succès ne vint pas car les sujets étaient trop faciles à assembler »* En 1960 il s'était relancé dans l'aventure maquettiste avec des modèles de navires dont plusieurs déclinaisons du *S/S France* [1] qui font encore aujourd'hui les beaux jours des collectionneurs.

Ces modèles avaient été licencés auprès de la *Compagnie Générale Transatlantique*, ce qui était probablement une première en France. Pierre Brifaut produisit aussi un modèle de Drakkar, du paquebot Renaissance, du Chebec (bien avant celui d'*Heller)* et du Pen-Duick II d'Eric Tabarly. A la fin des années soixante-dix il réalisa également le Pen Duick IV. Le modèle le plus étonnant (mais fut-il réellement vendu en kit ?) fut une mappemonde éclairée produite en 1960 ! *Aviation Magazine* la décrivit ainsi *« La Terre avec son système interne lumineux faisant apparaître les jours et les nuits. L'ensemble décrit un tour en 24 heures, ces heures étant portées sur le globe, cependant que le système d'inclinaison permet de restituer le déroulement des saisons ».*

En parallèle avec cette production de kits « de prestige » Pierre Brifaut produisit aussi des « primes » dont un *S/S France* au 1/1200 pour le pétrolier Mobil Oil et une demi-douzaine d'avions à une échelle proche du 1/144 pour les lessiviers Bonux et Crio (ces modèles portent le sigle « ECF » mais la signification de ce sigle reste inconnu). Ces modèles à la découpe des pièces particulière (similaire à celles des avions MAF) furent également produits en version chromée. Mais le « France » resta toujours le symbole des modèles Brifaut : le mat avant du navire, stylisé et accompagné d'un pavillon français fut ainsi utilisé comme logo sur tous les modèles de la marque.

En 1963, Brifaut annonça dans **Aviation Magazine** une gamme d'avions historiques au 1/70 commençant par l'Eole d'Ader (2 maquettes dans la boite permettant d'en assembler une entoilée, l'autre pas), l'Antoinette de Latham et le Blériot XI de la traversée de la Manche sous le titre *« enfin d'authentiques maquettes françaises »*. Le chroniqueur d'*Aviation Magazine*, Serge Zwahlen, présenta ainsi le projet *« toujours poursuivi par cette hantise de la vérité qui est sa règle de vie, M. Brifaut pensa agir pour faire rétablir dans la connaissance des générations actuelles le fait que la France fut le berceau de l'aviation. Il revint donc à la maquette plastique* [d'avion… Manifestement pour *Aviation Magazine* il n'est de maquette plastique que maquettes d'avions ! Le France au 1/450, le Drakkar de 40 cm de long çà ne compte pas !] *et traça un programme destiné à l'histoire de l'aéronautique française par la maquette »*. Le programme annoncé en mai 1963 était ambitieux : L'Eole d'Ader devait sortir au moment du Salon du Bourget (soit le mois suivant).

D'autres modèles étaient annoncés dans cet article. Antoinette de Latham, Demoiselle, « Voisin du premier kilomètre » (« Farman-Voisin de Charles Voisin »), Couzinet Arc-en-ciel de Mermoz, Dewoitine 520 les côtés de boites illustrent aussi un Nieuport 17.

1. Aviation Magazine indique *« 2 ans et demi » après 1957 mais la* Revue du Jouet *annonce le France comme nouveauté en avril 1962. Mais peut-être s'agit-il de la version 1/450 en 1960 et 1/800 en 1962 ?*

2. *Clément Gaget était un mouliste réputé dans la ville qui commercialisa jouets et maquettes (surtout de voitures mais aussi un Concorde au 1/144) sous sa propre marque « Clé » reconnaissable au logotype en forme de… Clé.*

Aviation Magazine indiquait que d'ici la fin de l'année 1963, une demi-douzaine de modèles existeront (on était donc sur un ambitieux rythme de sortie d'un kit par mois!) suivis par d'autres en 1964-1965. Chaque modèle était accompagné d'une notice historique que l'on devait réunir en classeur pour constituer un historique de l'Aviation Française. « *Voilà qui va permettre aux collectionneurs de disposer, à côté des productions étrangères* (Airfix, Revell, etc....) *d'un ensemble de modèles français qui ont gravement fait défaut jusqu'ici. Nous ne pouvons que nous réjouir de l'initiative de M. Brifaut et de son équipe. Les* « Maquettes de France » *sont attendues avec grand intérêt tant par les modélistes que par les amateurs d'histoire aérienne* ».

En fait même si les moules étaient prêts dès 1963 — semble-t-il réalisés par Clément Gaget[2] à Oyonnax —, les premiers modèles, Eole et Antoinette, ne sortirent qu'en début 1964. Annoncés dès le Salon du Jouet, alors tenu à Lyon, les modèles furent commercialisés peu après. La *Revue du Jouet* présenta la gamme comme « les avions pionniers du ciel » : « *cette richesse dans les maquettes souffrait pourtant d'un grand vide. Le dernier Salon de Lyon l'a effacé. Un ancien aviateur, devenu fabricant, M. Briffaut* [sic], *a reconstitué, avec la passion et l'acharnement du chercheur, les maquettes des avions représentant les premiers essais de vol. L'amateur de maquettes sera sûrement sensible à cette initiative et, avec piété, il pourra reconstruire les avions des pionniers du ciel* »

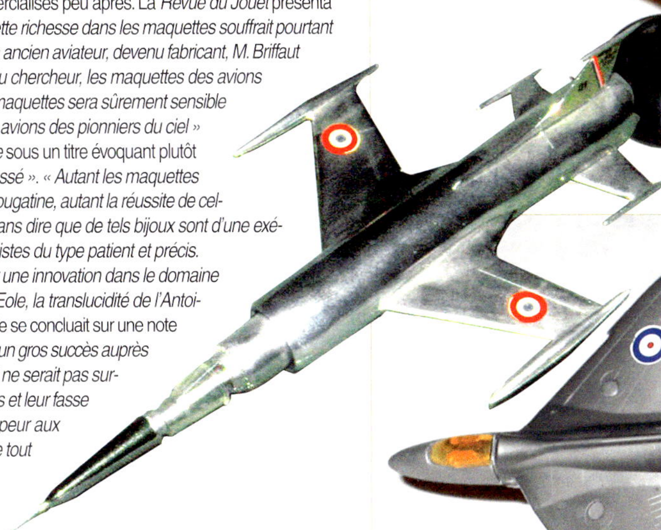

Serge Zwahlen en fit l'analyse dans *Aviation Magazine* sous un titre évoquant plutôt Ray Bradbury que Louis Blériot « *Deux pas dans le passé* ». « *Autant les maquettes anciennes peuvent parfois rappeler le saindoux ou la nougatine, autant la réussite de celles-ci fait penser à de la dentelle et à l'orfèvrerie. Il va sans dire que de tels bijoux sont d'une exécution minutieuse, ce qui ne déplaira pas aux maquettistes du type patient et précis.*

Le sujet même de cette série a imposé au créateur une innovation dans le domaine de la maquette fixe : l'entoilage, qui respecte l'aile de l'Eole, la translucidité de l'Antoinette, et l'aspect presque mat de ces appareils ». L'article se concluait sur une note d'espoir « *Les maquettes françaises Brifaut connaîtront un gros succès auprès des collectionneurs et des anciens de l'aviation, mais il ne serait pas surprenant que leur charme atteigne également les jeunes et leur fasse toucher l'immense progrès qui va de la machine à vapeur aux réacteurs. C'est en tout cas ce que nous souhaitons de tout cœur* ».

En fait seuls les 3 modèles initiaux de cette gamme aéronautique furent produits, les autres restant à tout jamais « annoncés pour 1965 » bien que des témoignages font état de prétirages du Couzinet Arc-en-Ciel (qui aurait été le prochain kit à sortir selon les publicités de l'époque). Pierre Brifaut est décédé en 1985

Maquettes Brifaut

Leduc 022	1/92	Maquettes Aériennes de France	1958
SM-B2 01	1/70	Maquettes Aériennes de France	1958
S/S *France*	1/450	Maquettes de France	1960
S/S *France*	1/800	Maquettes de France	1962
S/S *France*	1/1200	Maquettes Brifaut	1970
		(d'abord prime Mobil Oil puis kit en sachet)	
Drakkar		Maquettes de France	1962
S/S *Renaissance*	1/200	Maquettes de France	1965
Pen Duick II		Maquettes de France	1968
Pen Duick IV		Maquettes Brifaut ?	1978
Chébec	1/50	Maquettes Brifaut	1965
Antoinette	1/70	Maquettes Brifaut	1964
Blériot XI	1/70	Maquettes Brifaut	1964
Eole	1/70	Maquettes Brifaut	1964
Arc en Ciel	1/70	Maquettes Brifaut	
		(non commercialisé. Tirages d'essai ?)	
Trident	1/144	ECF	Prime
Fiat G-91	1/144	ECF	Prime
Griffon	1/144	ECF	Prime
Hunter	1/144	ECF	Prime
F-100	1/144	ECF	Prime
Mappemonde		?	1960

LES PUBLICATIONS MAQUETTISTES EN FRANCE

La première publication à s'intéresser au maquettisme plastique en France fut *Aviation Magazine* à partir de 1958 et jusque vers 1962. Dans ses pages aéromodélisme, ce bimensuel fit de nombreuses présentations de maquettes Solido, Aéros, Lindberg, Heller et même Monogram. Les publicités de maquettes étaient alors relativement nombreuses, y compris pour des sujets non aéronautiques comme les voitures Record. Au-delà de 1962 les articles sur le maquettisme plastique se raréfièrent.

Le *Camouflage Air Club* édita à partir de 1966 le *Camouflage Air Journal* qui fut le premier magazine (ou plutôt fanzine) consacré entièrement au maquettisme plastique.

Dans une approche plus grand public, les magazines de bandes dessinées, le *Journal de Tintin* et *Spirou*, instituèrent d'irrégulières rubriques maquettistes qui dans certains cas s'apparentaient plus à du « rédactionnel » qu'à de vraies analyses. Toutefois ces articles permirent d'initier les jeunes maquettistes aux trucs de montage et de peinture. Au sein de *Spirou*, cette rubrique devint régulière sous la signature du fameux *« Mister Kit »* et perdura jusqu'à la deuxième moitié des années soixante-dix.

En 1969 arriva l'*Album du Fanatique de l'Aviation* (qui devint plus tard *« le Fanatique de l'Aviation »* puis le *« Fana de l'Aviation »*) avec une rubrique mensuelle de vraies analyses sans fard de maquettes plastiques. Toutefois le fait de cacher les auteurs de ce ces articles sous des noms de plume humoristiques (Plasticus Maximus, Constant Scale, Ezdanitoff, Morziff von Poliester, Aristote Garozélis…) montrait une certaines distanciation par rapport au sujet… Même si celui-ci était traité avec un grand sérieux dans les articles. Le succès fut au rendez-vous car durant la deuxième moitié des années soixante-dix, cette rubrique fut dédoublée !

En septembre 1971 la rubrique « maquettes plastiques » du magazine *Radiomodélisme* (initiée en novembre 1970) devint un mensuel indépendant sous le nom de *Maquettes Plastiques Magazine* et ainsi le premier magazine de maquettisme plastique français grand public (à titre de comparaison voici les années de parution des principaux magazines de maquettes plastiques : *Airfix Magazine* (UK) : *1960; Scale Modelling* (USA) : 1967 ; *Scale Models* (UK) 1969 ; *Hobby Japan* (Japon) 1968).

En 1975 fut créée la branche française de l'*International Plastic Modellers Society* et avec elle son magazine la *Vitrine du Maquettiste* dont la profondeur et le détail des analyses ne le cédaient en rien à celles du Fanatique de l'Aviation.

Connaissance de l'Histoire institua également une rubrique « maquette » mais elle eut moins d'impact que les autres.

De même *L'Univers du Modélisme* essaya de concurrencer *Maquettes Plastiques Magazine* à partir de février 1976 mais disparut au bout d'une demi-douzaine de numéros pour renaître sous le nom de *Tout le maquettisme* en novembre 1977. Ce nouveau magazine ne dura qu'un unique numéro.

« ENQUÊTES-MAQUETTES » TINTIN

Tintin n° 913 21 avril 1966 — **Enfin des avions historiques français !**

Tintin n° 921 16 juin 1966 — **Dewoitine D520**
*« L'assemblage est précis sauf en ce qui concerne certains éléments de l'aile… le montage ne présente aucune difficulté particulière. » **

Tintin n° 929 11 août 1966 — **Amiot 143**

Tintin n° 932 1er sept. 1966 — **Curtiss H-75 A-3**
*« Bien que cela plaise certainement à une partie de la clientèle, le vrai maquettiste déplorera l'apparition de rivets, d'ailleurs souvent mal alignés. Une très bonne astuce : les volets d'intrados qui peuvent être abaissés avec l'effet le plus réaliste. »**

Tintin n° 934 15 sept. 1966 — **Morane Saulnier MS 406**

Tintin n° 938 13 octobre 1966 — **Breguet 693**
« La maquette Heller *offre un nombre assez important de pièces (56) qui joint à la diversité des parties translucides particulièrement nombreuses sur cet avion, rend son montage des plus intéressant… la planche de décalcomanies, dont la qualité est en progrès, est aux couleurs du GBA 1/51, 1re escadrille »**

Tintin n° 951 12 janvier 1967 — **Bloch 174**
« La maquette du Bloch 174 Heller *est fort belle et tout à fait à la hauteur des meilleures productions étrangères… le chevauchement des panneaux de tôle du revêtement de voilure est rendu avec la plus grande exactitude et c'est assez spectaculaire… pour la première fois cette maquette* Heller Musée *comporte des détails intérieurs… encore très sommaires certes… »**

* *Commentaires signés « Intérim » (extraits).*

LES PRODUITS ABT

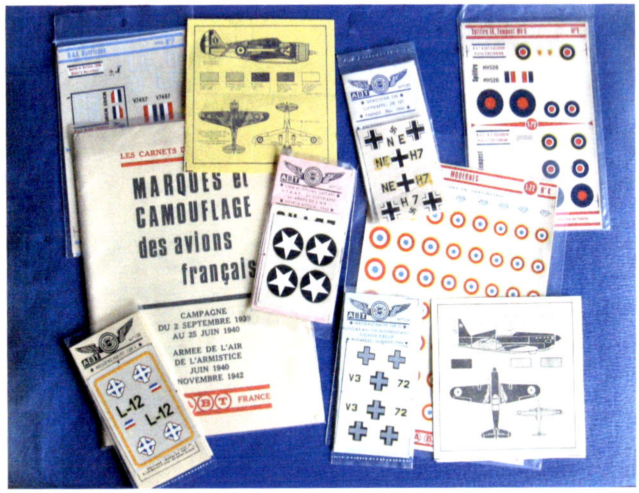

Max Abt, un habitant de Saint-Cloud, fut le pionnier français des décalques additionnelles. A partir de 1965 (donc en totale synchronisation avec la gamme Musée) il produisit de nombreuses gammes de produits accessoires destinés à aider les maquettistes et les figurinistes : planches de décalcomanies, peintures, feuilles d'aluminium et de cuir pour brêlage de figurines. Les 3 premières planches, consacrées à un Nieuport 17 de l'escadrille N3, un Nieuport 23 de Charles Nungesser et un Spad XIII de René Fonck, furent annoncées dans le numéro du 1er mai 1965 d'Aviation Magazine sous le titre « *du tricolore dans le ciel des maquettes en plastiques : des cocardes, des cigognes, des cocottes, des coqs à l'échelle du 1/48 et du 1/72 pour franciser les avions en plastique du commerce ! Le rêve de bien des amateurs et collectionneurs de maquettes peut se réaliser enfin !* »

Chaque planche était accompagné d'un « *plan-décor* » de l'appareil et du « *récit des prouesses du pilote* » et bien sur des instructions de peinture et éventuellement les modifications mineures à apporter au modèle original. Ces planches non numérotées ne seront jamais intégrées à des « séries » même si dans son article sur www.modelstories.org, Philippe Crépey, qui a étudié la marque, les rattache à la série « aviation française ». En 1966 Il commercialisa un livret « *Marques et Camouflage des Avions Français, — les Carnets de l'Aérophile* ». Ce fascicule était accompagné de 9 échantillons de peinture (le blanc et le noir étant à fournir par le maquettiste). A noter la conception particulière de cette publication en ce que des fascicules additionnels (accompagnant certaines planches de décalques) pouvaient être insérés dans le carnet initial.

A partir de 1974, la gamme peinture, jusque là orientée figurines, fut étendue avec 15 teintes pour véhicules militaires puis en 1976 furent ajoutés 6 peintures spéciales pour les avions français de 1940. A noter aussi le produit « *argental* » pour simuler les tôles non peintes et « *l'Histoire sans paroles* » ; série de pochettes de 10 photos (non légendées d'où le titre) d'avions militaires historiques chacune. Cette série vit elle réellement le jour ?

Max Abt est malheureusement décédé en 1980.

La production des décalques avait été arrêtée quelques années auparavant, M. Abt considérant que le relais avait été pris par des fabricants comme *ESCI*.

Les planches ABT concernant les avions français 1939-1944

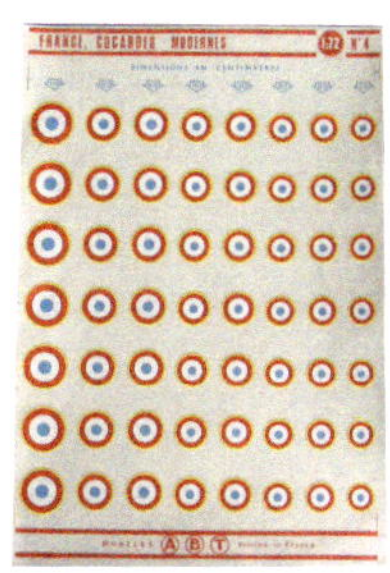

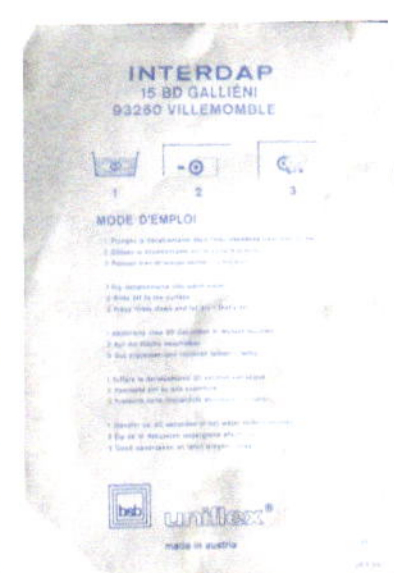

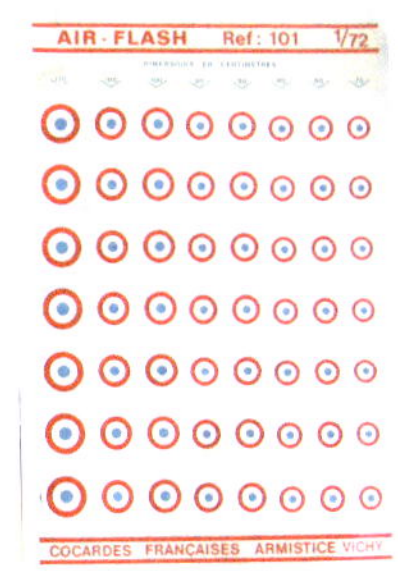

SÉRIE « 39-45 » [1]

- D520 (Luftwaffe, Groupe Doret)

SÉRIE « NORMALE »

- **n° 6** (MS 406 Le Gloan, D 520 III/6)
- **n° 9** (D 520 Groupe Doret)
- **n° 20** (Curtiss H75 Marin la Meslée, capitaine Accard)
- **n° 21** (cocardes « Vichy »)
- **n° 34** (MB 152 adjudant Deniel, MS 406 commandant Maurice Arnoux; D 520 GC II/7 4e escadrille
— **n° 39** (Br 693 GB II/54 4e escadrille et I/54 1re escadrille ; MB 174 GR 2/33),
- **n° 130** « *Aviation Française 40-45 carnet de teintes réglementaires à l'usage des aérophiles* » (une sorte de reprise étendue du nuancier fourni avec le Carnet de l'Aérophile. Pas de décalque !)
- **n° 131** (Curtiss H75 cdt. Stehlin)
- **n° 135** (MS 406 général Pinsard)
- **n° 137** (LeO 45 USAAF ex-Luftwaffe)
- **n° 141** MS 230 (Luftwaffe)
- **n° 142** (ANF Mureaux 117 Groupe d'Assaut II/35-3)

SÉRIE « AVIATION FRANÇAISE »

- n° 2 (MS 225, aéronautique maritime autonome, escadrille 3C1 base de Marignane, 1933-1935
- n° 3 (MS 230, avion école base aérienne 104, 1939-1940

SÉRIE « COCARDES »

- **n° 2** (cocardes 1939 couleurs officielles)
- **n° 3** (cocardes d'armistice/Vichy)

A noter que contrairement à ce que pratiquent aujourd'hui les fabricants de décalcomanies et les illustrateurs de profils couleur, Max Abt donnait systématiquement ses sources à l'appui de chaque planche de décalques !

1. Sans numéro et présumée par Philippe Crépey sur www.modelstories.org être la première série produite par Max Abt.

NOTE SUR LES BOÎTAGES

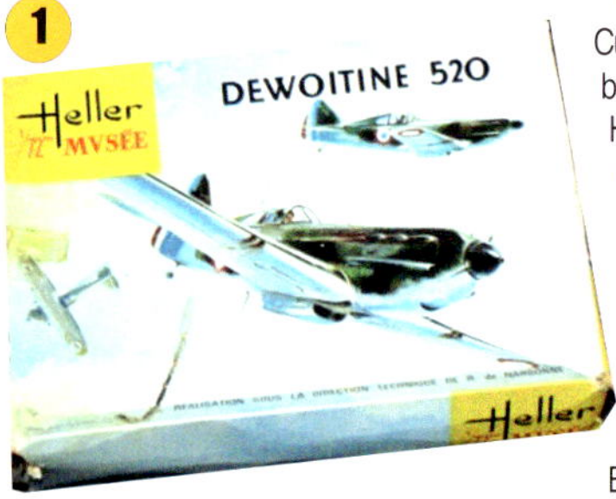

1

Les quatre premiers chasseurs (MB152, D520, Curtiss H75, MS 406) furent commercialisés en boites de petit format carré connu en interne Heller comme étant le format « *KD* » car c'était le format adopté pour les maquettes *Heller Cadet* **(1).** Très rapidement ces boites furent remplacées par des boites plus longues, format Z **(2)**.

Les bimoteurs de chasse furent eux commercialisés en boite longue standard *Heller* depuis l'origine : la boite A **(3)**. Le Bloch 210 eut droit initialement à une boite à un format long mais plus large que le A (illustration page 25) puis revint vers 1976 à un format plus carré. Dans les deux cas, il devait s'agir d'un format de boite adopté pour les

2

maquettes de bateaux, ce qui paraît confirmé par la référence allouée à cette maquette, dans la série des L-500, alors normalement attribuée à la Marine.

Initialement le logo Heller était sous-titré « *Musée* » en rouge avec une typographie à la romaine et une ligne était surimposée à l'illustration : « *réalisation sous la direction technique de R. de Narbonne* ». (Bizarrement le LeO 451 à la présentation typique à cartouche arrondi due à R. de Narbonne ne présente pas cette annotation)

La référence de la maquette n'était pas présente sur le côté de la boite, bien qu'un cartouche noir ait été réservé pour elle **(5)**.

A partir de 1968 on voit apparaître les références sur les côtés des boites **(6)**.

Avec l'arrivée dans la gamme à partir de 1972 d'avions étrangers (Curtiss P-40, Bf 109 F, Stuka, Zero…) la série devient « *Heller échelle 1/72* » et la mention de la direction technique de R. de Narbonne disparaît **(4)**. La référence perd son préfixe L- **(7)**, par ailleurs sur les côtés des boites de format A apparaissent des cartouches présentant d'autres boites du même format **(8)**.

Tout cela fut probablement très progressif, au fur et à mesure de la réimpression de nouvelles boites

En 1978 sont introduites les boites « noires » qui remplacent l'ancien format « Z ». Au moins 3 illustrations de Paul Lengellé sont retouchées pour éliminer les avions ou véhicules d'arrière-plan : Br 693, Mureaux 117, LeO 45. Il n'a pas été possible de retrouver par qui et dans quelles conditions ce qu'il faut bien appeler le massacre des œuvres originales a été commis

Après cela, les illustrations de Lengellé seront remplacées par de nouvelles peintures dues au talent de Francis Bergèse. Ces nouvelles illustrations perdureront jusqu'au milieu des années quatre-vingt.

A partir de 1986 fut lancé un programme de rééditions avec des boites illustrées de photos de maquettes montées, les références furent modifiées par inscription dans la tranche des 80000.

Dix ans plus tard, on en reviendra heureusement à de vraies illustrations, cette fois grâce aux travaux de Serge Jamois et Bruno Pautigny.

6

3

4

5

Chez SMER *(illustration page 54)*

On note trois types de boîtages qui semblent pouvoir être classés suivant la chronologie suivante :

— **Boite avec illustration dans un cartouche** à coins arrondis, pas de logo frontal, ni même aucun texte !

— **Boite avec illustration rectangulaire.** Petit logo SMER et mention de l'échelle en surimpression de l'illustration

— **Boite avec bandeau latéral mauve** portant un gros logo *SMER*. Les artistes ne sont pas identifiés.

LA RÉALISATION D'UNE MAQUETTE

Roland de Narbonne fournissait un plan 5 vues au 1/48, sans indication des aménagements intérieurs ainsi que des photos de l'avion réel. A partir de là le bureau d'étude en déduisait un plan au niveau de chaque pièce en faisant attention à la découpe pour que ce soit facilement injectable.

L'atelier réalisait une maquette au 1/36 (deux fois la taille de la maquette réelle) en PVC Armodur. Une fois ce modèle validé il servait de référence au mouliste pour concevoir le moule en acier.

La décoration provenait de diverses sources (publications, photos) et les décalques étaient tracées à l'échelle 5 fois supérieure au résultat final avant envoi à l'imprimeur. Ce dernier a changé plusieurs fois.

Ci-dessus. **André Maroutchak à la planche à dessin.**

Ci-dessous. **Le BE à Trun. De gauche à droite, Bernard Miret, André Maroutchak, Philippe Goulard, Jean-Paul Gondoin.**

En haut. **Deux vues de l'usine originale (ex-usine de chaussures) au centre de Trun : à gauche, carte postale d'avant guerre, à droite, état actuel . C'est là que furent produits les *Heller Musée.***

Au centre. **Le bureau d'études de la rue d'Hauteville à Paris : de dos en chemise blanche et pantalon gris, Gabriel Audren, le patron du bureau d'étude, à l'époque.**

En bas. **Documents extraits du dossier d'étude du Potez 540.**

SOURCES et DOCUMENTATION

— Airfix collecting http://airfixcollecting.forumup.be
— *Airfix magazine*
— Album du *Fanatique de l'Aviation* (L')
— Archives familiales Jourdan
— Archives familiales Audren
— Archives familiales Picard
— Archives familiales Jahiel
— Archives familiales De Lespinay
— *Aviation Magazine*
— *Frog Model aircraft 1932-1976* par Richard Lines & Leif Hellstrom. *New Cavendish 1989*
— *Maquettes Plastiques Magazine*
— *Model art* n° 523, 1998
— *In Plastic WW2 aircraft kits* par John W. Burns 1993
— *La petite histoire des grandes marques : Heller* dans *Avions Blindés Maquettes* 21 à 24 (1995)
— *La petite histoire des grandes marques : Frog* dans *Avions Blindés Maquettes* 28 et 29 (1996)
— *Heller la maquette à la française*, Jean-Christophe Carbonel, *Histoire & collections,* 2003
— *Heller news*
— *Replic*
— *Revue du Jouet* (La)
— *Scale Modeler*
— *Spirou*
— *Tintin* (le journal de)

REMERCIEMENTS

La recherche bibliographique au travers de la presse maquettiste de l'époque a été réalisée par Raymond Magnani, et Franck Journet pour les magazines de bandes dessinées : qu'ils en soient spécialement remerciés pour avoir permis ainsi de « pimenter » cet ouvrage par ces évocations qui nous ont permis de retrouver un peu de la saveur des « sixties ».
Les travaux de Philippe Crepey sur les productions de Max Abt ont également permis de compléter ce tableau de l'aviation française de 1940 en maquettes.
Thomas Jönsson a apporté sa connaissance sur les éditions scandinaves.
Par ailleurs je tiens à remercier les nombreux anciens de la société Heller qui ont bien voulu me conter leurs souvenirs à commencer par son fondateur Léo Jahiel (†) mais aussi : Gabriel Audren, Philippe Goulard, Laurette Guinard, Elizabeth Jahiel, Serge Jamois, Philippe Jourdan, André Maroutchak, Philippe de Lespinay, Roland de Narbonne, Bruno Pautigny, Claude Picard, Isabelle Picard, Jean-Michel Trochain

Conception, création et réalisation Jean-Marie Mongin. Les photographies des deuxième et quatrième de couverture sont collection Breffort

ISBN : 978-2-35250-158-9

Numéro d'éditeur : 35250

Dépôt légal : 2e trimestre 2010

Un ouvrage édité par
HISTOIRE & COLLECTIONS
SA au capital de 182 938, 82 €
5, avenue de la République F-75541 Paris Cedex 11

Fax 01 47 00 51 11
www.histoireetcollections.fr

Cet ouvrage a été conçu, composé et réalisé par *Histoire & Collections*
Entièrement sur stations informatiques intégrées.

Photogravure : *Studio A & C*

Achevé d'imprimer en septembre 2010 sur les presses de Zure, Espagne
Union européenne.